D1689751

Reinhardts Gerontologische Reihe
Band 3

Anna Streller-Holzner

Umzug ins Altenwohnheim?

Eine Orientierungshilfe

Ernst Reinhardt Verlag
München Basel

Anna Streller-Holzner, Altenpflegerin, gerontopsychiatrische Zusatzausbildungen, langjährige Heim- und Pflegedienstleiterin in verschiedenen Einrichtungen der Altenhilfe. Arbeitsschwerpunkt Offene Altenhilfe und Aus-/Fortbildung von Mitarbeitern in der Altenarbeit. Aufbau des Modellseminars "Pflegehilfe im ländlichen Bereich".

Die Deutsche Bibliothek – CIP-Einheitsaufnahme

Streller-Holzner, Anna:
Umzug ins Altenwohnheim? : Eine Orientierungshilfe / Anna Streller-Holzner. – München ; Basel : Reinhardt, 1991
  (Reinhardts gerontologische Reihe ; Bd. 3)
  ISBN 3-497-01233-5
NE: GT

ISSN 0939-558X

© 1991 by Ernst Reinhardt Verlag, GmbH & Co, Verlag, München
Dieses Werk einschließlich aller seiner Teile ist urheberrechtlich geschützt. Jede Verwertung außerhalb der engen Grenzen des Urheberrechtsgesetzes ist ohne schriftliche Zustimmung der Ernst Reinhardt, GmbH & Co, München, unzulässig und strafbar. Das gilt insbesondere für Vervielfältigungen, Übersetzungen in andere Sprachen, Mikroverfilmungen und die Einspeicherung und Verarbeitung in elektronischen Systemen.

Printed in Germany

Inhalt

Vorwort von Ibrahim Rabah 7
1. Veränderungen und Schwierigkeiten 9
2. Umziehen im Alter – wohin? 10
2.1. Zu den Kindern ziehen 10
2.2. Umzug in eine kleinere Wohnung 12
2.3. Altenwohngemeinschaft: neu und selten 14
2.4. Übersiedlung ins Altenwohnheim 16
2.5. Wenn Angehörige entscheiden 18
3. Verschiedene Altenwohnheim-Typen 19
3.1. Große, meist städtische Heime 19
3.2. Kleine, ländliche Heime 20
3.3. Zwischen Altenheim und Seniorenstift 21
4. Träger 22
5. Standort 24
5.1. Stadt oder Land 24
5.2. Standort bei Dialyse- und Herzschrittmacherpatienten . . 25
6. Kosten 26
7. Finanzierung 30
8. Wartezeiten, Verträge 34
8.1. Wartezeiten 34
8.2. Verträge 35
8.3. Beispiel für ein Angebot 38
8.4. Verpflichtungen dem Heim gegenüber 40
8.5. Kündigungszeiten 41
8.6. Heimaufsicht 43
8.7. Weitere rechtliche Hinweise 43
9. Essen 46
10. Zusammensetzung und Aufgaben des Personals 47
11. Ärztliche Versorgung innerhalb und außerhalb des Hauses 50
12. Weltanschauliche Ausrichtung des Hauses 52
13. Kulturelles Angebot 53
14. Freizeit und Sport 55

15.	Die Mitbewohner	56
16.	Gäste	57
17.	Tiere und Pflanzen im Heim	58
18.	Privat- und Intimsphäre im Heim	60
19.	Was es beim Umzug zu bedenken gilt	62
20.	Resümee: Für und wider das Altenwohnheim	64
21.	Checkliste zum Heimvergleich	65
22.	Ambulante Dienste, teilstationäre Einrichtungen und Offene Altenhilfe	68
23.	Lebensplanung – Wie bereite ich mich auf das Älterwerden vor?	77
24.	Interviews	83
24.1.	Heimbewohnerin, vorbereitet ins Heim gegangen . . .	83
24.2.	Stellungnahme eines "Grauen Panther"-Mitglieds . . .	90
24.3.	Interview mit einer Altenpflegerin	99
24.4.	Interview mit einem Zivildienstleistenden	105
Literatur		115
Adressen		117

Vorwort

Im neuen vereinigten Deutschland leben gegenwärtig rund 600.000 alte Menschen in etwa 8.000 stationären Einrichtungen der Altenhilfe. Die stationäre Altenhilfe soll humane Lebensbedingungen für diese Bewohner schaffen. Die Bundesregierung hat grundlegende Zielvorstellungen für die Heimbetreuung formuliert, die ich voll und ganz unterstreiche. "Zielvorstellungen sind unter anderem:

- die körperlichen, geistigen-seelischen und sozialen Grundbedürfnisse zu befriedigen;
- die Selbständigkeit möglichst lange und umfassend zu erhalten, und zwar auch nach Heimeintritt durch Rehabilitation und Therapie sowohl körperlich als auch im sozialen Bereich;
- die Lebenskontinuität soweit wie möglich zu erhalten;
- den alten Menschen, gleichgültig ob in der eigenen Wohnung oder im Heim, zu selbständigem Handeln zu befähigen." (Bundesregierung, BTD 10/2784, 18)

Diesen gerechten Anspruch können nur wenige Einrichtungen erfüllen. Viele lebenswichtige Bedürfnisse älterer Heimbewohner bleiben unerfüllt (z. B. in Bereichen wie Gesundheitshilfe oder Wohnen). Dabei sind gerade ältere Menschen anfälliger für Krankheiten, sie erkranken länger und schwerer als der Durchschnitt der Bevölkerung. Altengerecht wohnen zu können, hat für sie – angesichts der oft eingeschränkten Mobilität und sozialen Kontakte – eine besondere Bedeutung. Dies gilt auch umgekehrt: Vielfach ermöglicht erst eine altengerechte Wohnform Mobilität und soziale Kontakte.

Es ist kein Geheimnis mehr, daß die Bundesrepublik Deutschland auf dem Gebiet der Altenhilfe im europäischen Vergleich, speziell bei den pflegerischen Angeboten für hochbetagte Menschen, als ein "Entwicklungsland" gilt. Es ist nicht nur Eingeweihten bekannt, daß in dem unzureichenden Pflegeschlüssel in der Altenhilfe – aber nicht nur da – die Hauptursache für den "Pflegenotstand" liegt.

Die Altenhilfe leidet an dieser Situation – oftmals unbemerkt, resigniert und schuldbewußt. Lebensqualität im Heim hängt aber wesentlich davon ab, unter welchen – von außen vorgegebenen – strukturellen Rahmenbedingungen eine stationäre Einrichtung arbeiten muß.

Diese Voraussetzungen sind Ergebnis einer sozial- und finanzpolitischen Willensbildung und änderbar. Genauso wie das Altwerden von den Beteiligten häufig eher fatalistisch und resignativ hingenommen wird, so fehlen der Sozialpolitik vielfach der Wille und der Altenhilfe die Kraft, solche Rahmenbedingungen zu erreichen, die erst eine angemessene humane Altenhilfe ermöglichen. Gerade der internationale Vergleich zeigt, wie erfolgreich Gerontologie und Geriatrie sein können, wenn entsprechende Arbeitsbedingungen, auch angesichts der zukünftigen Bewohnerstruktur, vorliegen.

Probleme der stationären Altenhilfe bedürfen eines breiten politischen Konsenses, und daher müssen sie verstärkt zum Gegenstand gesellschaftlicher Diskussion und damit auch zu einem Thema der Politik gemacht werden. Ansonsten hat Alter zwar demographisch, jedoch nicht in der eigenen, subjektiven Erwartung Zukunft. Anders gesagt: Viele von uns möchten alt werden und werden es auch – aber viele werden es dann nicht sein wollen.

Den alten Menschen und ihren Angehörigen fehlt allzuoft das praxisbezogene, hilfreiche Basiswissen – angesichts einer Sintflut von Gesetzen, Verordnungen, versteckten Klauseln und einem unverständlichen Amtsdeutsch in der Altenhilfe.

Mit dem vorliegenden Buch leistet Frau Anna Streller-Holzner einen sinnvollen Beitrag zur Enträtselung der Begriffe in der Altenhilfe. Das Buch ist eine umfassende Zustandsbeschreibung der Wohn- und Lebenssituation in der Altenhilfe heute, basierend auf den jahrelangen persönlichen Erfahrungen, die die Autorin in ihre Ausführungen einbringt und die das Buch zu einem wichtigen Ratgeber für den interessierten Laien machen.

April 1991 *Ibrahim Rabah*, Heimleiter
Bernhard-Junker-Haus, Aschaffenburg
Geschäftsführender Vorsitzender des
Verbandes Bayerischer Heimleiter

1. Veränderungen und Schwierigkeiten

Eines Tages fällt es dem alternden Menschen in zunehmendem Maße schwerer, die täglichen Aufgaben zu verrichten. Das Hör- und das Sehvermögen nehmen ab, das Gedächtnis läßt nach und auch die körperliche Beweglichkeit. Das äußere Erscheinungsbild verändert sich wie die Persönlichkeit. Der alternde Mensch wird zunehmend abhängiger von fremder Hilfeleistung.

Elastizitätsverlust, Verminderung des Gewebebestandes, Leistungsminderung der Organe führen zur Reduzierung der Anpassungsfähigkeit. Schlafstörungen, Konzentrationsstörungen, Sprachstörungen können hinzukommen. Hinter einer guten "Fassade" versuchen dann manche Leute, die Defizite zu verstecken.

Jeder Mensch muß sein Altern selbst gestalten. Er sollte dabei immer auf Veränderungen des inneren und äußeren Lebens gefaßt sein. Wie aktiv ein Mensch im Alter sein kann, hängt ab von seiner Gesundheit, seinem physisch-psychischen Allgemeinzustand. Mit Ende der Berufstätigkeit tritt eine veränderte Lebenssituation ein. Einige suchen nach einer neuen Aufgabe und finden sie in einer gesellschaftlichen Tätigkeit, andere widmen sich intensiver als vorher Haus und Garten.

Die Bevölkerungsstruktur in München wies 1990 über 50% Singlehaushalte aus, davon zwei Drittel ältere Menschen. Eine Untersuchung der Stadt München ergab, daß die meisten davon ganz gerne in ihrer angestammten Wohnung bleiben wollten. Darauf sollten sich die Anbieter von Einrichtungen der Altenhilfe einstellen, zumal mittlerweile auch in der Sozialhilfe die Grundregel gilt: ambulante Pflege vor der stationären Pflege! Unabhängig davon sollte sich jeder, der das Alter erreicht hat, überlegen, ob nicht doch eine Wohnung in einer Einrichtung der Altenhilfe für ihn in Betracht käme. Dabei sollte er ohne Vorurteile und falsche Scham die Vor- und die Nachteile abwägen.

Die Bevölkerung ist insgesamt mobiler geworden. Es gibt schon viele Menschen, die sich nach dem Arbeitsleben auch wohnungsmäßig neu orientieren. Sie verkaufen oder vermieten ihre bisherige Wohnung und ziehen in ihr bevorzugtes "Ferienland". Dieser Gesichtspunkt wird auch im Hinblick auf die Wiedervereinigung der beiden deutschen Staaten wichtig. Manch einer wird überlegen, ob er nicht in seine alte Heimat zurück will. Andererseits wird es durch den Zusammenschluß der Staaten der Europäischen Gemeinschaft bisher ungeahnte Möglichkeiten geben, seine alten Tage im europäischen Ausland zu verbringen.

Ganz wichtig ist es mir, darauf hinzuweisen, daß bei älterwerdenden Menschen die Gefahr besteht, zu vereinsamen. Diese Vereinsamung kann in der eigenen Wohnung kommen oder auch im Altenwohnheim. Wobei es im Altenwohnheim leichter ist, aus seiner Isolation herauszukommen! Vor allem muß der alte Mensch selbst aktiv werden und Kontakte zu anderen Menschen suchen und pflegen. Aus zahlreichen Gesprächen weiß ich, daß bei vielen Menschen das Leiden durch Vereinsamung die Leiden der körperlichen Gebrechen überlagert. Hier müssen die Altenheimbewohner selbst aktiv werden und nicht meinen, daß sie jetzt "rundumversorgt" werden müssen. Das führt leicht in die Sackgasse einer totalen Abhängigkeit!

2. Umziehen im Alter – wohin?

2.1. Zu den Kindern ziehen

Viele ältere Menschen denken zuerst daran, zu den Kindern zu ziehen, wenn sie aus gesundheitlichen Gründen ihre Wohnung aufgeben müssen. Für viele Kinder ist es selbstverständlich, die Eltern aufzunehmen, die viele Jahre für sie gesorgt haben. Voraussetzung dafür ist natürlich, daß ausreichend Wohnraum vorhanden und die Familienverhältnisse intakt sind. Nicht immer ist es ein Zeichen besten familiären Einverständnisses gewesen, wenn Eltern unter das gleiche Dach mit ihren erwachsenen Kindern gezogen sind. Es gibt aber auch Betagte, die in ein Altenheim ziehen, weil sie ihren Kindern nicht zur Last fallen wollen.

Das Wohnen mit oder bei den Kindern kann problematisch werden durch das jeweils eigene soziologische Umfeld. Manche aus der Kinder-Generation sind heute mit Ausländern verheiratet. Da kann es älteren Menschen schwerfallen, sich in andere Kulturkreise einzuleben, falls nicht in früheren Zeiten schon Kontakte zu dieser Kultur bestanden. Ob in der "dörflichen Gemeinschaft" früher alles leichter war, sei dahingestellt. Durch Kultur und Konventionen waren die Entscheidungen einfach vorgegeben, z. B. das "Austragshäusl" der bäuerlichen Gesellschaft. Es war den Eltern immer bewußt, daß sie eines Tages auf das Altenteil mußten. Dafür wurden sie von ihren Kindern dann versorgt. Ob sie auch gepflegt wurden, ist eine andere Frage.

In der eigenen Wohnung kann es zu Depressionen kommen, wenn sich die Alternden von der Umwelt abschließen oder mit ihrem Schicksal hadern. Leben die Alten bei den eigenen Kindern oder sonstigen Verwandten, ist nicht gesagt, daß diese die Belastungen verkraften können. Die Ohnmacht der Familienangehörigen dem Leiden gegenüber kann sich in Aggression kehren. Die Wut der pflegenden Angehörigen richtet sich gegen den Pflegebedürftigen, nach dem sich oft der ganze Tagesablauf richten muß. Die Pflegenden arbeiten oft bis an den Rand der Belastbarkeit oder darüber hinaus.

Nach wie vor sind es in aller Regel die Töchter und Schwiegertöchter, die die Altenbetreuung besorgen. Insbesondere aus der Sicht des Ehemannes "stiehlt" der Pflegebedürftige der Ehefrau die Zeit, die sie eigentlich für sich und die Familie hätte. Diese großen Spannungen zu ertragen, zumal wenn keine professionelle Hilfe von außen geholt worden ist, das belastet jede Familie. Manche können besser damit umgehen, andere richten die Wut gegen den Alten direkt. Dabei denke ich nicht in erster Linie an rohe körperliche Gewalt. Vielmehr an versteckte Gewalt gegen Alternde: den Alten in der Wohnung ausgrenzen und isolieren, ihn bevormunden, ihm einen notwendigen Arztbesuch versagen, ihn mit seinen Ängsten nicht ernst nehmen, ihm zum Beispiel Schmerzmittel verweigern oder ihn nur unzureichend ernähren (billige und minderwertige Nahrungsmittel). Wenn Familienmitglieder verdrängen müssen, kann sich die Wut in Autoaggression gegen die eigene Familie umwandeln. Weil man – erziehungsgeprägt – nicht wagt, den Alten zu beschimpfen, läßt man die Wut sogar an den Kindern aus. Oft ist die Pflege nur zu leisten, wenn sich die Helfer durch körperliches Abreagieren Luft verschaffen können.

Noch ein Hinweis auf die Altersstruktur der Pflegenden. Es wird heute oft der Begriff "Sandwich-Generation" gebraucht, das sind Leute, die nicht mehr im Berufsleben stehen (so um die Sechzig), die ihre eigenen Eltern pflegen *und dazu noch* die Kinder ihrer eigenen Kinder, also ihre Enkel betreuen, damit deren Eltern den Lebensunterhalt verdienen können.

Insgesamt betrachtet, hängt eine sinnvolle Pflege des alten Menschen durch seine Kinder stark davon ab, ob genügend Wohnraum vorhanden ist, ob die beiden Generationen noch miteinander umgehen können und ob der Pflegende seinerseits genügend entlastet und unterstützt wird.

2.2. Umzug in eine kleinere Wohnung

Entschließt man sich für einen Umzug in eine eigene kleinere Wohnung, sollte sie sich in der Nähe des Wohnsitzes der Kinder befinden. Auch ist es günstig, wenn Freunde in der Nachbarschaft wohnen, um jederzeit, wenn erforderlich, schnell Hilfe zu erhalten. Die Wohnung sollte altersgerecht *(nicht zu verwechseln mit behindertengerecht!)* eingerichtet werden, mit gut erreichbaren Schubfächern, richtiger Höhe der Sitzmöbel, Haltegriffen an der Badewanne u. a., und sollte möglichst im Paterrre liegen. Nach ihrer beruflichen Phase sollten sich die Menschen rechtzeitig darum kümmern, gegebenenfalls auch einen Wohnungstausch zu vollziehen. Eine kleinere Wohnung ist oft nicht so aufwendig in der Unterhaltung und Pflege. Bei dem Gedanken an eine kleinere pflegeleichte Wohnung ist aber auch zu bedenken, daß die Betagten schnell zur Untätigkeit verleitet werden und vorhandene Ressourcen verkümmern.

Für die *Umgestaltung einer Wohnung* gibt es mittlerweile in den größeren Städten besondere Beratungsstellen. Auch bei den Architektenkammern kann man Rat einholen. Erkundigen Sie sich, ob und wo in Ihrer Nähe eine Beratungstelle für Wohnraumanpassung eingerichtet ist. Dort beraten ArchitektInnen und SozialarbeiterInnen ältere Einwohner, wie sie die Wohnung so gestalten können, daß sie noch in der vertrauten Wohnung bleiben können.

Holger Stolarz u. a. (1986) kommen in einer Studie zu folgendem Ergebnis: "Wohnungsmängel sind ein entscheidender Faktor für die Gefährdung der Selbständigkeit älterer Menschen. Besonders betroffen sind ältere Menschen, die in den ca. 1 Million Substandardwohnungen leben. Eine weitere Problemgruppe sind die ca. 2 Millionen älteren Hilfe- und Pflegebedürftigen, die in besonderem Maße auf geeignete Wohnungen angewiesen sind: Besonders dringlich sind Maßnahmen beim Zusammentreffen beider Probleme. Darüber hinaus gibt es eine kaum eingrenzbare Zahl von Wohnungen, die bezüglich der Gesamtorganisation oder einzelner Wohnbereiche nicht altengerecht sind. Der Bedarf an Anpassungsmaßnahmen umfaßt insgesamt vermutlich mehr als 40% der ca 8 Millionen Altenhaushalte. Wegen der großen Zahl gefährdeter älterer Menschen kommt es vor allem auf relativ einfache Maßnahmen in vielen Wohnungen an. Die Durchführung geeigneter Maßnahmen erfordert eine qualifizierte Beratung und organisatorische Unterstützung bezüglich therapeutischer, finanzieller und baulicher Fragen einschließlich der handwerklichen Ausführung!"

Ruhig schon beim Neubau in jungen Jahren an das Altwerden denken! Ein Aufzug ist heute kein Luxus mehr. Erst ab vier Stockwerken wird heute eine Aufzug gefordert. Warum nicht auch beim Bau eines zweistöckigen Gebäudes einen Aufzug einplanen, selbst wenn er mehrere zehntausend Mark kosten sollte? Vergleichsweise kostet der Heimaufenthalt in einer Pflegestation derzeit rund 40.000,- DM pro Person und Jahr. Aufgerechnet sind das bei einem Ehepaar Kosten für ein Jahr Pflegestation, weil zum Beispiel keine Treppen mehr benützt werden können, weil ein Partner auf den Rollstuhl angewiesen ist, und weil im eigenen Haus kein Aufzug vorhanden ist.

In altersgerechten Wohnungen wäre die Betreuung für Helfer (Kinder, Familienangehörige, Fremde) auch eher zumutbar! So könnten die Eltern in die kleinere Wohnung unter das Dach ziehen, und es gäbe keine Schwierigkeiten, wenn aus gesundheitlichen Gründen keine Treppen benutzt werden können, ein Partner auf den Rollstuhl angewiesen ist.

2.3. Altenwohngemeinschaft: neu und selten

Es ist eine Wohnform, die zwischen eigenständiger Wohnung und Heimunterbringung einzuordnen ist. Diese Art des Wohnens ist erst seit 1982 im Gespräch. Bis dahin waren Wohngemeinschaften nur mit jungen Leuten bekannt. Tatsächlich sind die Altenwohngemeinschaften bis heute Ausnahmen geblieben. In erster Linie ist es schwirig, einen geeigneten Wohnraum zu finden. Zweitens sind die Probleme des Zusammenlebens bei älteren Menschen oft größer als bei jungen Menschen, die sich leichter zusammenfinden. Gerontologen haben bei älteren Menschen einen höheren Grad an Individualität festgestellt. Sie lassen sich schlechter in Gruppen organisieren als junge Menschen. Ihre Interessen, ihre Bedürfnisse, ihre Tagesabläufe sind häufig recht fest und sehr unterschiedlich. Es kostet deshalb viel Anstrengung und Zeit, bis sich die Menschen so zusammenfinden, daß sie Tag und Nacht verträglich zusammensein können.

Besondere Probleme sehen ältere Menschen in der gemeinsamen Nutzung der Küche und der sanitären Anlagen. Als Vorteile der Wohngemeinschaft werden vier Punkte angegeben:

1. Man kann das Altenheim beziehungsweise die Altenpflege vermeiden.
2. Es ist billiger als Selbstversorgung.
3. Einsamkeit und gesellschaftliche Isolation können überwunden werden.
4. Durch gegenseitige Hilfe läßt sich der Alltag leichter bewältigen.

Der Leitgedanke der Altenwohngemeinschaft ist: "Mehr Selbständigkeit und Selbstleitung". Als modischer Trend gilt auch: "Weg von der Heimversorgung". Private Heime haben aus diesem Grund teilweise ihr "Etikett" geändert und nennen sich nun "Seniorenwohngemeinschaft". Mittlerweile macht man sich auch in verantwortlichen Stellen Gedanken, wie die Wohnformen im Alter aussehen könnten.

Historische Vergleiche drängen sich auf. Die alte Fuggerei in Augsburg am Lech z. B. war damals, um 1550, doch nichts anderes als eine Einrichtung, bedürftigen Bürgern ein menschenwürdiges Leben zu ermöglichen. In München ist etwas Ähnliches errichtet worden: die Borstei. Hier hatte ein Unternehmer Sozialwohnungen "gesponsert", wie man heute sagen würde. Man erinnere sich auch an alte christliche Wohngemeinschaften. Wieviele Menschen, die früher in eine klösterliche Gemeinschaft gingen, mögen das auch wegen der Alterssicherung getan haben.

Viele alte Menschen haben Hemmungen und Vorurteile, wenn sie schon das Wort Wohngemeinschaft hören. Sie haben einfach Angst vor einer räumlichen Einschränkung. Bei den älteren Bewohnern der ehemaligen BRD hatten immerhin rund 60% eine Wohnfläche von 40 – 60 Quadratmeter zur Verfügung. Daneben bestehen doch schon wohngemeinschaftliche Wohnformen, über die aber keine quantitativen Aussagen getroffen werden können, deren Dunkelziffer aber hoch ist. Gemeint ist das gemeinschaftliche Wohnen von Geschwistern und Verschwägerten oder nicht-ehelichen Partnerschaften, die sich selbst aber sicher nicht als Wohngemeinschaften verstehen. Das Alter allein bildet bei alten Menschen, wie auch bei anderen Altersgruppen, noch lange keine Gemeinsamkeit. Wer sich näher mit diesem Thema beschäftigen will, den verweise ich auf eine Veröffentlichung des Kuratoriums Deutsche Altershilfe (Dierl/Hoogers 1988).

Es gibt mittlerweile verschiedene Projekte, bei denen Alte und Junge in Wohngemeinschaften leben. Dabei haben sich oft junge Pflegekräfte in WGs zusammengeschlossen, die dann auch alte Menschen aufnehmen. Werden diese alten Mitbewohner pflegebedürftig, sollten sie, wie die Erfahrungen zeigen, von außerhalb des Heimes betreut werden. Die jungen Mitbewohner sollten höchstens den Wochenenddienst und den Nachtdienst stellen. Sonst kommt es zu schweren Rollenkonflikten. Darüber sollten sich Leute, die in gemischtaltrige WGs ziehen oder so etwas initiieren wollen, im klaren sein!

2.4. Übersiedlung ins Altenwohnheim

Dieses Thema ist mit vielen Emotionen beladen. An der Entscheidung, ob ein betagter Mensch in ein Altenwohnheim übersiedelt oder nicht, sind im allgemeinen mehrere beteiligt: Angehörige, Freunde, SozialarbeiterInnen. Sie stehen beratend zur Seite. Die Vorstellung vom Altenwohnheim ist für manche gleichbedeutend mit Asyl. Eine solche Vorstellung erzeugt eine negative Erwartungshaltung und erschwert die Anpassung. Manche warten, bis sie ohne Hilfe nicht mehr auskommen können, was ebenfalls die Anpassung an das Heim erschwert.

Zum Kennenlernen eines Altenwohnheimes ist es möglich, erst einmal vier Wochen das sogenannte "Probewohnen" in

Anspruch zu nehmen, bis man sich endgültig entscheidet. Das gleiche gilt für die Pflegeheime. Hier hat jedes Heim die Auflage, 2-6 Betten zur Kurzzeitpflege für zwei, vier oder sechs Wochen zur Verfügung zu stellen. Danach kann sich der Pflegebedürftige endgültig für einen Heimplatz entscheiden. Der Buchhandel bietet Verzeichnisse der anerkannten Altenheime und der Pflegeheime.

Aus langjähriger Erfahrung empfehle ich, daß man sich früh genug informiert, was denn überhaupt in das Altenwohnheim mitgenommen werden kann von dem ganzen Hausrat, der in all den Jahren zusammengekommen ist. Hier ist es wichtig, daß die zukünftigen Mieter im Altenwohnheim sich rechtzeitig trennen von sperrigen Dingen. Können sie viele ihrer alten Möbel in die neue Mietwohnung im Heim mitnehmen, ist es bestimmt vorteilhaft, ein Umzugsunternehmen einzuschalten. Manchmal ist es für den alten Menschen auch wichtig zu wissen, daß er beim Umzug nicht auf Gedeih und Verderb auf das Wohlwollen der Familie angewiesen ist. Vielleicht kann so ein Unternehmen auch die Wohnungsauflösung übernehmen, so daß der alternde Mensch hier relative Autonomie bewahrt. Zieht ein alter Mensch ins Altenwohnheim, dann kann er seinen Haushalt noch selbstständig führen. Ihm wird es in erster Linie um die Sicherheit gehen. Er will die Gewißheit haben, daß im Notfall gleich jemand zum Helfen kommen kann. Wird er dann als Mieter oder Besitzer der abgeschlossenen Wohnung im *Altenwohnheim* krank, kann er dort auch fachgerecht gepflegt werden. Sollte es soweit kommen, daß der eigene Haushalt nicht mehr bewältigt werden kann, müßte er in die nächste Stufe umziehen, in das *Altenheim*. (Die Bezeichnungen "Altenheim", "Altenwohnheim" etc. werden sehr unterschiedlich benutzt, siehe Kapitel "Verschiedene Altenwohnheimtypen", S. 19.) Der Altenheimbewohner hat räumlich seine Eigenständigkeit. Erfordert der Gesundheitszustand des alten Menschen dauernde Pflege, dann muß er in ein *Pflegeheim* umziehen.

In dieser starren, dreigliedrigen Form wäre der alte Mensch gezwungen, dreimal seine Wohnung zu wechseln! Weil mittlerweile die Nachteile dieser Stufenform erkannt wurden, versucht man, solange wie möglich die Menschen in der angestammten Umgebung zu lassen. Seit einigen Jahren ist der Begriff "Betreutes Wohnen" in aller Munde. Soweit ich erkenne, kommt diese Wohnform von der Behindertenbetreuung. Sie wurde auf die Altenhilfe adaptiert.

Selbständiges Wohnen hat neben allen Vor- und Nachteilen auch einen wohnungsmarktpolitischen Effekt. Sozialpolitiker kalkulieren, daß oft alte Menschen in Wohnungen leben, die "dringender" von jungen berufstätigen Familien benötigt werden. Es bleibt dem Leser überlassen zu erkennen, welche Wertehierarchie sich hier auftut. Dies hier nur am Rande.

Im allgemeinen ist betreutes Wohnen in der angestammten Wohnung eine akzeptable Lösung. Durch die Mieterfluktuation von alt und jung ist eine gewisse Durchmischung der Bewohner gegeben. Schlechter sind die Menschen dran, die – teilweise in den Nachkriegsjahrzehnten – in regelrechte Trabantenstädte gezogen sind: Heute besteht die Gefahr, daß sie eines Tages in Altenghettos leben werden. Wenn sich Junge und Alte mischen, spricht man häufig vom "integrierten Wohnen". Das Austragshäusl und die Arbeitersiedlung lassen grüßen.

2.5. Wenn Angehörige entscheiden

Normalerweise entscheidet der alte Mensch selbst, wo und wann er in ein Altenwohnheim zieht. Solange er nicht unter Pflegschaft steht, kann er frei entscheiden. Etwas anderes ist es, wenn zum Beispiel die Familie Druck auf ihn ausübt. Das ist dann mehr ein moralischer Zwang. Dies ist besonders dann der Fall, wenn der alte Mensch bereits durch einen ambulanten Dienst betreut und vom Träger der Sozialleistung eine Übersiedlung gutgeheißen wird. Es ist gut zu wissen, daß auch im Bundessozialhilfegesetz steht, daß den Wünschen des Hilfesuchenden entsprochen werden soll, wenn sie dem

Träger der Sozialhilfe zuzumuten sind. 3a BSHG lautet sogar: "Der Träger der Sozialhilfe soll darauf hinwirken, daß die erforderliche Hilfe soweit wie möglich außerhalb von Anstalten, Heimen oder gleichartigen Einrichtungen gewährt werden kann."

Die Vertreter des Sozialamtes sollen gegebenenfalls mit den Angehörigen bzw. Bezugspersonen über Hilfen und Ressourcen reden. Ab dem Jahr 1990 sollte der ambulanten Pflege der Vorrang eingeräumt werden. Nur fehlen dazu das ausreichend geschulte Personal, die erforderlichen finanziellen Mittel und erprobte Konzepte.

Wie gesagt, solange der alte Mensch geschäftsfähig ist, entscheidet er selbst. *Er* unterschreibt den Vertrag. Deshalb ist es nach einem Schlaganfall so wichtig, den sog. "Fingerschluß" zu üben. Fingerschluß bedeutet, daß z. B. nach einem Schlaganfall, wenn die rechte oder linke Hand behindert ist, das Fachpersonal geeignete Übungen mit den gelähmten Fingern durchführt. Dabei erlernt der Betroffene, einen Bleistift zu halten (zwischen Daumen, Zeigefinder und Mittelfinger). So kann dann nach einer Beeinträchtigung durch Lähmung o. ä. Erkrankungen mittels gezielter Therapie der Betroffene noch selbst rechtsverbindlich unterschreiben. Die Angehörigen können Hilfestellungen geben, indem sie Informationen einholen und mit den Behörden verhandeln.

3. Verschiedene Altenwohnheim-Typen

3.1. Große, meist städtische Heime

Je größer das Haus, um so anonymer kann man darin leben. In den großen Heimen sind 200 – 400 Personen untergebracht. Menschen, die gern für sich sein wollen und keinen Wert auf nähere Kontakte zu den Mitbewohnern und dem Personal legen, bevorzugen ein großes Heim. Das dürfte –

abgesehen davon, daß die alten Menschen "rationell" betreut werden – der einzige Vorteil sein. Nach neueren arbeitswissenschaftlichen Erkenntnissen sind diese großen Einheiten auch für das Personal sehr belastend, denn auch sie finden große Häuser verwirrend und anonym. So versucht man heute wieder kleinere Einheiten in diesen großen Versorgungsbetrieben zu schaffen. Räumlich gut strukturierte Häuser zeichnen sich dadurch aus, daß sie Orientierungshilfen bieten, z. B. hat jedes Stockwerk eine andere Grundfarbe oder jeder Eingangsbereich ein anderes optisches Merkmal (Voliere, Aquarium, Pflanzengruppe).

Mittlerweile gibt es außer den städtischen Altenheimen auch einige leistungsfähige private Anbieter. Jeder muß für sich prüfen, welchem Träger er den Vorzug gibt. Heutzutage haben auch die privaten Anbieter ein geeignetes Angebot in der Altenhilfe. Dabei ist durchaus zu bedenken, daß die privaten Anbieter sehr flexibel auf die Erfordernisse des Marktes reagieren können. Sie haben rasch erkannt, daß der alte Mensch ein *Kunde* der Einrichtung ist. Die privaten Heime hatten es in der Vergangenheit schwerer, vom überörtlichen Träger der Sozialhilfe anerkannt zu werden. So waren sie mehr gezwungen, ihr eigenes Konzept nach außen zu vertreten. Die alteingeführten Einrichtungen gerade der Wohlfahrtsverbände hatten diesen inneren Kampf um eine Identität oft vernachlässigt. Der Bewerber für den Umzug ins Altenwohnheim sollte diesen Gesichtspunkt berücksichtigen.

3.2. Kleine, ländliche Heime

In kleinen Altenwohnheimen sind 80-150 Personen untergebracht. Die Heimbewohner lernen sich untereinander schnell kennen, und die Kontakte zum Personal bauen sich schnell auf. Der Personenkreis ist überschaubar, die einzelnen Gesichter prägen sich deshalb besser ein. Meistens sind die gleichen PflegerInnen anwesend.

Gerade im ländlichen Bereich gibt es viele Altenwohnheime, die von privater Seite betrieben werden. Lassen Sie sich nicht durch Skandalberichte beirren. Gerade hier gibt es viele junge engagierte Fachkräfte in der Altenhilfe, die neue Betreuungsformen berücksichtigen wollen und die hier die Gelegenheit haben, zum Beispiel, kostengünstig ehemalige Sanatorien oder Ferienheime zu übernehmen. Diese Häuser sind sehr überschaubar. Meist leben dort 50 bis 60 Bewohner, die von einem kleinem Team betreut werden. Sie bieten oft abgeschlossene Wohnungen zwischen 20 und 80 Quadratmetern Wohnfläche. Die Bewohner können selbst möblieren, vielleicht wird das Bett gestellt. Ein Pflegebett kostet derzeit in der Anschaffung fast 3.000,- DM, und dadurch ist im Krankheitsfall die Versorgung in der eigenen Wohnung innerhalb der gesamten Anlage gesichert.

3.3. Zwischen Altenheim und Seniorenstift

Zwischen "Altenheim" und "Seniorenstift" liegt eine Vielzahl unterschiedlicher Häuser. Schon die Bezeichnungen sind verwirrend: Wo ist der Unterschied zwischen "Heim" und "Wohnheim", zwischen "Wohnheim und "Wohnanlage" etc.? Es gibt auf diesem Gebiet keine festen, verbindlichen Definitionen. Auch unter ein und derselben Bezeichnung (z. B. "Altenwohnheim") verbergen sich oft verschiedenartige Häuser. Was man sagen kann ist nur, daß es *im allgemeinen* einen Unterschied im Wohnkomfort und bei den Kosten ausmacht, ob man im Altenheim, im Altenwohnheim oder im Seniorenstift wohnt. Seniorenwohnstifte sind meist unabhängige Einrichtungen mit Hotelcharakter. Die Aufgabenstellung ist eine andere als in den Altenwohnheimen. Das Altenheim ist mehr auf die Gemeinschaft ausgerichtet.

Auf sprachliche Etiketten wie "Stift" oder "Wohnheim" sollten Sie sich aber in keinem Falle blind verlassen. Prüfen Sie, wie viele Quadratmeter Sie für Ihr Geld im Seniorenstift X erwarten können – prüfen Sie, ob das Altenheim Y oder das

Wohnheim Z Ihnen eine solche Betreuung oder Selbständigkeit gewähren, wie Sie es sich wünschen. Auf welche Unterschiede Sie im einzelnen achten können, zeigen Ihnen die späteren Kapitel.

4. Träger

Träger des Altenwohnheimes – was bedeutet das? Für einen Menschen, der sich mit dem Gedanken trägt, einen großen Teil seines Lebens in solch einer Einrichtung zu verbringen, kann diese Frage schon von Bedeutung sein. Gerade heute sollte er sich seine Gedanken machen. Die Zeiten der Alten- und Siechenheime sind vorbei. Auch sind die Bewohner solcher Heime keine Fürsorgeempfänger mehr.

Es gibt *städtische Heime*, aber weniger im Altenwohnheimbereich. Die freien *Wohlfahrtsverbände* betreiben schon eher Altenwohnheime: Diakonisches Werk der Evangelischen Kirche in Deutschland e. V. (DW), Deutsches Rotes Kreuz e. V. (DRK), Deutscher Caritasverband e. V. (DCV), Zentralwohlfahrtsstelle der Juden in Deutschland e. V. (ZWStdJ), Arbeiterwohlfahrt, Bundesverband e. V. (AW, AWO), Deutscher Paritätischer Wohlfahrtsverband, Gesamtverband e. V. (DPW).

Scheuen Sie sich nicht, Angebotsvergleiche zu machen. Heute müssen alle ziemlich den gleichen Standard anbieten. Das ist unabhängig von der Konfession! Wenn Sie sich konfessionell gebunden fühlen, dann sollten Sie sich einen Träger suchen, der ihrem Glauben verbunden ist, z. B. Altenheime von *Kirchengemeinden, von Ordensgemeinschaften*.

Firmen haben oft für ihre altgewordenen Mitarbeiter die Möglichkeit, in eigenen Altenwohnungen und Heimen zu leben. Sie bieten darüber hinaus alten Mitarbeitern die Möglichkeit, weitere firmeneigene Einrichtungen zu benutzen.

Leider ist es noch so, daß laut Bundessozialhilfegesetz die Träger der öffentlichen Heime oder die Träger der Freien Wohlfahrtspflege bevorzugt werden: Bieten private Einrichtungen und Einrichtungen der Freien Wohlfahrtsverbände gleiche Leistungen an (so § 93a des Bundessozialhilfegesetzes), ist vom Sozialhilfeempfänger der Träger vom Freien Wohlfahrtsverband und der Träger der öffentlichen Einrichtungen vorzuziehen. Diese Regelung sagt aber noch nichts über die Qualität der Beratung aus!

Gründe für diese Regelung sind: Die Heim- und Pflegekosten von Einrichtungen der Freien Wohlfahrtsverbände und der öffentlichen Einrichtungen sind wesentlich niedriger. Die Heim- und Pflegesätze müssen zuerst von der Pflegesatzkommission genehmigt werden und können dann vom Leistungsträger dem Kostenträger zur Heimkostenabrechnung vorgelegt werden. Regelmäßige Heimkostenerhöhungen (meist jährlich) müssen dem Kostenträger rechtzeitig zur Genehmigung vorgelegt werden. Einrichtungen von öffentlichen Trägern sowie Trägern der Freien Wohlfahrtsverbände unterliegen der Heimaufsicht. Diese ist zuständig für die

- Pflege und Betreuung der Heimbewohner,
- Überwachung der hygienischen Maßnahmen der Einrichtung,
- Pflegschaften und Vormundschaften,
- Selbstzahler und Sozialhilfeempfänger aus der Sicht der genehmigten Pflegesätze und der anfallenden Taschengelder von Sozialhilfeempfängern,
- Überwachung und Einhaltung des Personalschlüssels,
- bauliche Maßnahmen.

Private Einrichtungen unterliegen nur bedingt der Heimaufsicht. Die Heim- und Pflegesätze können nach eigener Kalkulation festgelegt werden und müssen nicht der Pflegesatzkommission vorgelegt werden. Die Sätze liegen derzeit um ca. ein Drittel höher.

In Hamburg erkannte eine gemeinnützige *Bauträgerge-*

sellschaft, daß der Bedarf an Altenwohnungen steigen wird. Seit Jahren betreiben diese in ihren Wohnanlagen Altenheime und Pflegeeinrichtungen.

Vor einigen Jahren kamen die betreuten Wohnungen ins Gespräch. Sehr oft auch von *privaten Gesellschaften* initiiert. Sie bieten in einer Wohnanlage eine Wohnung, die altersgerecht eingerichtet ist. In dieser Anlage arbeiten Betreuer und Pflegekräfte. Im Dienstleistungsvertrag wird vereinbart, daß nur nach Aufwand abgerechnet wird.

Immer häufiger finden sich in der Tageszeitung Angebote, in denen Pflegekräfte im Privathaushalt gesucht werden. Dann ist die Familie oder der Alternde selbst der Arbeitgeber. (Früher gab es die Hauspflegevereine, bei denen man Mitglied wurde, und die dann bei Bedarf die Pflege übernahmen.)

5. Standort

5.1. Stadt oder Land

Der Entschluß, ins Altenheim zu gehen, kann für den einzelnen das Leben wieder lebenswert machen. Er hat wieder mehr Zeit und kann sich seinen beliebtesten Freizeitbeschäftigungen widmen, da ihm die Sorge um sein leibliches Wohl in jeder Weise abgenommen wird. In diesem Zusammenhang soll er genau bedenken, wo er sich den Standort seines Heimes wünscht. Es heißt: "Einen alten Baum verpflanzt man nicht!"

Ein Mensch, der sein Leben lang in der Stadt gewohnt hat, ist mit der Lebendigkeit der Stadt verbunden und möchte sie nicht missen. Ein Altenwohnheim im Stadtzentrum oder am Stadtrand ist da günstig für ihn. Eine gute Verkehrsverbindung sollte in der Nähe sein, damit er schnell und ohne Umstände in die Stadt gelangt. Die Angebote der Stadt, wie

Theater, Kino, Museen, Cafés etc. sind für ihn immer erreichbar. Das gleiche trifft für die Erreichbarkeit der Geschäfte in der Stadt zu.

Umgekehrt ist es bei einem Menschen, der sein Leben auf dem Land verbracht hat. Für ihn ist der unmittelbare Kontakt mit der Natur, wie er es bisher gewohnt war, lebenswichtig. Er wird sich deshalb seinen Heimplatz in einem Altenwohnheim wählen, das in ländlicher Gegend steht. Verkehrsverbindungen in die Stadt sind für ihn zweitrangig.

Wichtig für ein Altenwohnheim auf dem Land ist, daß es in den ländlichen Raum auch tätsächlich *eingebunden* ist. Sonst lebt er wie auf einer Insel, und die Einheimischen sehen in ihm einen Fremdkörper. Finden Veranstaltungen mit den Bewohnern der umliegenden Gegend statt? Bezieht die Einrichtung Nahrungsmittel des tägliche Bedarfs aus der Gegend? Wie nehmen es die Bewohner auf, wenn viele Alte in der Gegend umherlaufen?

Ende der achtziger Jahre gab es in der Bundesrepublik einen Aufschrei der Empörung, als sich in Mannheim ein Teil der Bevölkerung vehement gegen die Einrichung eines Altenheims in ihrem Viertel wehrte. Man hätte die Alten am liebsten im Industriegebiet angesiedelt. Somit sind solche Überlegungen nicht aus der Luft gegriffen.

5.2. Standort bei Dialyse- und Herzschrittmacherpatienten

Für Dialysepatienten ist es wichtig, daß sie darauf achten, ein Heim in unmittelbarer Nähe eines Dialysezentrums auszuwählen. So können lange Transportwege des Dialysepatienten vermieden werden, die sehr anstrengend sind, vor allen Dingen nach der Dialyse. Daher kann es bei Dialysepatienten häufiger vorkommen, daß sich ein sogenannter "Landmensch", bedingt durch seine Krankheit, in einem städtischen Altenwohnheim einleben muß.

Für Herzschrittmacherpatienten trifft Ähnliches zu. Auch

sie werden bei der Standortsuche ihres Altenwohnheimes in erster Linie darauf achten, daß sich in mittelbarer Nähe ein Herzschrittmacherzentrum befindet. So kann ihm, wenn nötig, auf schnellstem Wege fachärztliche Hilfe zuteil werden. Auch hier gilt, daß durch kurze Entfernungen große Transportschwierigkeiten und -kosten vermieden werden.

6. Kosten

Wer vor der Entscheidung steht, ins Altenwohnheim zu ziehen, der sollte mit kühlem Kopf rechnen und eine Kosten-Nutzen-Analyse machen, wie im Wirtschaftsleben. Viele Menschen hängen an ihrer eigenen Wohnung oder an dem eigenen Haus, sind sich jedoch oft nicht der gesamten Kosten bewußt. Zwar gehört Ihnen die Immobilie, Sie bedenken aber nicht, daß Sie auch die Kosten tragen müssen. Stellen Sie doch mal zusammen, welchen wirklichen Aufwand Sie mit dem eigenen Heim haben! Bedenken Sie die jahrelange Finanzierung (eventuell noch heute), die Erhaltungsinvestitionen (Heizungsanlage ca. 30 Jahre Lebensdauer, neue Energiesparmaßnahmen, Außenputz und Innenrenovierung, neue Fenster, Kosten für Straßenbau, Beschaffung von Heizmaterial, Einbau neuer Sanitäreinrichtungen, feste Kosten für die Vorhaltung von Wohnraum, der nicht mehr genutzt wird, weil die Kinder aus dem Haus sind, Steuern, Aufwand für die Reinigung etc.).

Werden die Eigentümer älter und können sich nicht mehr ganz alleine versorgen, dann kommen dazu noch mehr Kosten. Weil vermutlich das Einkommen sinkt, ist im Verhältnis der Aufwand für den Wohnraum größer als früher. Unvorhergesehene Investitionen können nicht mehr so schnell realisiert werden. Wurden dafür zwar Rücklagen gebildet, so ist das Kapital doch gebunden. Vielleicht ist man auf Hilfen angewiesen, die die Hauswirtschaft unterstützen und wieder

Geld kosten. Helfen Menschen kostenlos, fühlt man sich oft moralisch verpflichtet.

Schön wenn man sich Privatrentier nennen kann. Dann kann man aus dem Kapitalertrag alleine seinen Lebensunterhalt bestreiten. Wenn Kinder vorhanden sind, dann denken viele Menschen an die sog. Leibrente. Sie übergeben den Kindern (Erben) den Besitz und erwerben dafür eine regelmäßige "Rente". Das ist gar nicht so schlecht. Zu bedenken ist bei dieser Regelung, daß die "Rentenzahler" auch mal zahlungsunfähig werden können, was auch auf dem freien Versicherungsmarkt möglich sein kann. Sie zahlen Beiträge oder Abschlagszahlungen bei einer Versicherung ein, die sich ihrerseits verpflichtet, Ihnen ab einem bestimmten Zeitpunkt monatlich eine bestimmte "Rente" zu zahlen, bis zu ihrem Lebensende.

Das Thema "Umgang mit Vermögen" und "Sicherung des Lebensstandards im Alter" wäre es schon wert, ein Bildungsangebot zum Beispiel bei der Volkshochschule zu organisieren. Vergleichen Sie auch das Kapitel "Lebensplanung" in diesem Buch. Gerade ältere Frauen, die ja die Mehrheit in der Altersbevölkerung stellen, sind es – wie ich unterstelle – oft nicht so gewohnt, mit Geld umzugehen. Überhaupt muß man den Umgang mit Geld erlernen. Bei der Geldanlage ist auf drei Dinge zu achten:

– Bonität (Sicherheit der Rückzahlung),
– Rendite (guten Ertrag),
– Liquidität (leichte Verfügbarkeit).

Ganz wichtig sind die Punkte, wenn Sie zum Beispiel ihre Immobilie aufgeben und sich in einer Seniorenresidenz einkaufen. Das gibt dem Betreiber und Ihnen Sicherheit. Denn denken Sie daran: Im Alter müssen Sie das Kapital erst in Dienstleistungen umwandeln können, um einen unmittelbaren Nutzen haben zu können. Der Picasso an der Wand hat für den pflegebedürftigen Menschen nur einen ideellen Wert. So ist es mit vielen oben beschriebenen Anlagemöglichkeiten. Lassen Sie sich auf jeden Fall von jemandem, der neutral ist, bezüglich Ihres Kapitals beraten. Dasselbe betrifft Ihre Renten und sonstigen Versicherungen, aber auch das Steuerrecht!

Alternde sollten sich überlegen, welche Lebensqualität sie sich zukünftig erwarten. Viele wollen Reisen unternehmen, sind also nicht so an die Wohnung gebunden. Deshalb könnten sie schon Abstriche am Komfort der Wohnung machen. Sinnvolle Investitionen (z. B. Lift), die ein selbständiges Leben im Alter ermöglichen, sollten vorrangig getätigt werden. Aber zu überlegen ist: Zwanzig Jahre lang wollen wir jedes Jahr eine Fernreise unternehmen, dafür brauchen wir soundso viel Geld. Für den gewünschten Lebensstandard soviel. Da ist es durchaus zu überlegen, ob Menschen mit solchen Wünschen in ein Altenwohnheim gehen oder in ein Haus, in dem betreutes Wohnen angeboten wird. Somit können sie ihre Aufwendungen gut vorausplanen.

Nun, wie sieht die Lage *nach* dem Entschluß aus, in ein Altenwohnheim zu ziehen? Sie sind verpflichtet zu bezahlen: auf jeden Fall die Wohnungsmiete, die Reinigung meist einmal die Woche, Mahlzeiten falls gewünscht. Sie brauchen sich aber nicht mehr um viele Investitionen zu kümmern, die den Erhalt des Wohnraumes betreffen. Durch die festen Kostensätze können Sie besser vorausplanen. Wenn Sie Ihren bisherigen Wohnraum den Kindern rechtzeitig vermachen, dann ergeben sich steuerrechtliche Vorteile. So können Sie nach und nach übergeben, ohne daß die Kinder Erbschaftssteuer zahlen müssen. Desgleichen könnten die Kinder die Eltern unterstützen, was ja auf dem Lohnsteuerjahresausgleich geltend gemacht werden kann. Sie können auch ihre Immobilie rechtzeitig verkaufen, *bevor* große Renovierungen anstehen. Dann erzielen Sie einen besseren Preis. Das Geld könnte zinsbringend angelegt werden, und so die Kosten des Altenwohnheimes bewältigen helfen.

Da dieses Buch zuerst Anregungen geben will, wird nicht genauer auf die jeweilige rechtliche und finanzielle Regelung eingegangen. Wenn es soweit ist, dann sollte sich, wer ins Altenwohnheim gehen will, mit einem Steuerberater, einem Rechtsanwalt und mit Organisationen (Seniorenbeirat, Senioren-Schutz-Bund "Graue Panther" e. V.) beraten.

Bevor Menschen in ein Altenwohnheim umsiedeln, sollten sie unbedingt *Preisvergleiche* anstellen! Die Träger der Altenheime bieten Leistungen an, die der Mieter dann annimmt und entsprechend bezahlt. Die zu erwartenden Kosten sollten durchschaubar sein, damit es später nicht böse Überraschungen gibt. Das Preis-Leistungs-Verhältnis muß stimmen, um später einen ungetrübten Aufenthalt zu ermöglichen. Welche Kosten können auf den Mieter zukommen?

Bei einer Reihe von Seniorenstiften müssen allein für die *Option*, zu einem späteren Zeitpunkt einziehen zu können, mehrere tausend Mark hinterlegt werden. Dieses Geld wird verzinst und zurückgegeben, wenn man nicht einzieht. Bei Einzug verbleibt das Geld während der gesamten Mietdauer i. d. R. beim Heim. In anderen Heimen ist nur die übliche *Mietkaution* zu hinterlegen. Dann ist natürlich die *Miete* für den überlassenen Wohnraum zu zahlen, die ziemlich verschieden sein kann. Ihre Höhe hängt von vielen Faktoren ab, z. B. auch von der Region, in der sich das Heim befindet. Zu der Miete kommen noch die *Nebenkosten*.

Normalerweise kann der Mieter eines Altenwohnheimes sich noch selbst versorgen! (Bei diesen Überlegungen muß man sich klar darüber sein, daß die Verhältnisse einer Pflegestation hier nicht zutreffen. Oft ist nur die Möglichkeit eines Hausnotrufes angeboten.) Aber es fallen *Versorgungskosten* an, die Sie im Prinzip auch in der früheren Wohnung hatten, sich aber neu vor Augen führen sollten: Die Reinigung des Wohnraums und kleinere hauswirtschaftliche Tätigkeiten z. B. sind vielleicht im Preis inbegriffen, vielleicht auch nicht. Die Reinigungskosten für die anfallende Bettwäsche und die Leibwäsche kann eventuell pauschal abgegolten werden. Fragen Sie nach, wie die Reinigung von Oberbekleidung gehandhabt wird. Gibt es Räume mit Waschmaschinen und Trocknern, die Sie selbst (gegen Zahlung) benutzen können?

Vermutlich werden die Bewohner noch so selbständig sein, daß sie selbst entscheiden, ob sie das Angebot annehmen, im

Speisesaal zu essen, oder sich lieber selbst verpflegen. Hier darauf achten, daß nicht eingenommene Mahlzeiten des Heimes auch nicht berechnet werden. Warum sich nicht solange selbst versorgen wie es geht? Die Appartements haben oft Kochnischen oder intergrierte Küchenzeilen. Schätzen Sie ab, welche Kosten auf Sie pro Monat bei Selbstversorgung zukommen können. Wenn Sie sich selbst verpflegen, könnte es evtl. teurer kommen (Einkauf in zu großen Portionen!).
Im Gegensatz zum Pflegeheim ist es nicht Sache des Heimes, die Bewohner mit Getränken zu versorgen. Entweder rechnen Sie mit dem Haus ab, oder Sie lassen sich durch Getränkehändler beliefern. Als alter Mensch sollten Sie genügend trinken (mindestens 1,5 l/Tag). Tageszeitungen, Hobbies, Telefongebühren und Schreibwaren mit den benötigten Briefmarken müssen selbst bezahlt werden. Umtriebige Menschen müssen mehr Fahrtkosten einkalkulieren, wenn sie nun weiter von der früheren Wohnung weg sind, und die Kontakte zu den bisherigen Bezugspersonen nicht abreißen lassen wollen. Die Ausgaben für die Körperpflege fallen an. Der Friseursalon ist oft im Haus, die Leistung muß selbst gezahlt werden. Das gleiche gilt für Massageanwendungen. Heilmittel werden heute nicht mehr alle von der Kasse übernommen. Pflegerische Leistungen kosten Geld.

Bedenken Sie, daß das alles Kosten sind, die Ihnen sowohl in der eigenen Wohnung als auch im Heim anfallen. Nicht zu vergessen, daß die monatlichen *Kosten für Versicherungen und die sonstigen Verpflichtungen* weiterlaufen.

7. Finanzierung

In der heutigen Zeit entsteht durch Pressemeldungen oft der Eindruck, daß alle Menschen im Alter am Hungertuch nagen. Doch darf man nicht verkennen, daß es viele Menschen gibt, die die Altenwohnheimkosten selbst bestreiten können. Sie sind z. B. noch nicht so alt, wenn sie ins Heim umziehen, oder sie besitzen solche Vermögen, daß sie von den *Kapitalzinsen* leben können. Manchen gelingt es, das Haus oder die Wohnung günstig zu *vermieten*. Selbständige oder Landwirte können ihre Betriebe *verpachten*. Andere waren bei einer Firma beschäftigt, die für die alten Mitarbeiter durch Heime und Stiftungen sorgt. Wohnungsbaugenossenschaften betreiben heute schon Altenheime und sind froh, wenn Wohnungen wieder frei werden.

Reichen die eigenen Mittel für ein Heim nicht aus, man aber doch umziehen muß, weil die alte Wohnung nicht mehr ohne Gefahr für die Gesundheit bewohnt werden kann, dann gibt es nach dem Bundessozialhilfegesetz *"Hilfe zum Lebensunterhalt"*. In diesem Falle müssen aber eigene Mittel zuerst eingesetzt werden. Dabei gelten bestimmte Freigrenzen. So ist nicht in jedem Falle gesagt, daß das "Häuschen" dabei draufgeht. Wenn Kinder zur Unterstützung herangezogen werden, gelten auch für sie Freigrenzen (wenn sie zum Beispiel selbst Immobilien abzahlen müssen, oder eigene Kinder in der Ausbildung haben). Schmuck und andere Wertgegenstände, die von ideellem Wert sind, können meist behalten werden.

Viele alte Frauen haben irgendwann einen Rentenanspruch erworben, ohne sich dessen bewußt zu sein, denn gerade in den Kriegswirren gingen viele Unterlagen darüber verloren. Da die Sozialbehörden genau überprüfen, kann sich ein Rentenanspruch ergeben, der sich nicht sehr im Geld auswirken muß. Jedoch ist der oder die Betreffende dann über die AOK krankenversichert und kann deren Leistungen im Krankheitsfall in Anspruch nehmen.

Auch der Altenheimbewohner kann einen Anspruch auf *Wohngeld* haben. Viele scheuen aber den Gang zur Wohngeldstelle der Gemeinde. Staatliche Hilfen können erst beginnen, wenn der Behörde die Notlage bekannt ist. Sie haben erst dann Anspruch auf Sozialhilfe, wenn das Sozialamt von Ihrer Notlage weiß. Zeit ist Geld!

Es reicht erstmal eine kurze schriftliche Benachrichtigung an das Sozialamt, die so aussehen kann (vgl. Glozober, Sozialhilfeleitfaden):

Franz Meier   Kiel, den
Anschrift

An das Sozialamt (der jeweiligen Gemeinde)

Ich, Franz Meier, befinde mich in einer finanziellen Notlage und kann mir selber nicht weiterhelfen.

Unterschrift

Sorgen Sie dafür, daß eine solche Mitteilung schnell beim Sozialamt ankommt, d. h. in den Briefkasten damit (per Einschreiben) oder selbst beim Sozialamt vorbeibringen. Wenn Sie nicht warten wollen, bis sich das Sozialamt bei Ihnen meldet, gehen Sie selber hin! Wenn Sie nicht alleine zum Sozialamt gehen wollen, nehmen Sie noch jemanden als Beistand mit (Freund, Ehepartner usw.). Darauf haben Sie ein Recht (§ 13 SGB X).

Um die Höhe Ihres Bedarfs berechnen zu können, benötigt das Sozialamt weitere Informationen. Sie können den Vorgang beschleunigen, indem Sie rechtzeitig die Unterlagen zusammentragen. Es kommt nicht darauf an, daß sie alle Unterlagen beim ersten Mal dabeihaben. Sie können auch später noch welche nachreichen. *Lassen Sie sich also keinesfalls wegen fehlender Unterlagen abweisen!* Achten Sie darauf, daß Sie nicht Formulare in die Hand gedrückt bekommen mit der Auskunft, daß Sie wieder kommen sollen, wenn Sie die Unterlagen beieinander haben. Siehe oben, Anspruch auf Leistung besteht ab Bekanntwerden der Notlage. Nachfolgend eine Zusammenstellung von Unterlagen, die gegebenenfalls für einen älteren Menschen bei der Antragstellung wichtig sein können (kein Anspruch auf Vollständigkeit): Personalausweis/Reisepaß; Meldebestätigung (Sie können Sozialhilfe dort beantragen, wo Sie tatsächlich leben, unabhängig vom Wohnsitz); Mietvertrag (Heimvertrag)/ Mietzahlungsquittung; Unterlagen über Geldeinkünfte; Unterlagen über Versicherungen; Nachweis über Schulden und monatliche Raten; Sparkassenbücher, Kontoauszüge; ärztliche Atteste bei Diät oder Pflegebedürftigkeit; Angaben über die Bankverbindung.

Viele Firmen organisierten für ihre Mitarbeiter *Pensionskassen. Lebensversicherungen* wurden in den letzten Jahren richtig Mode.

Da die Senioren als Markt entdeckt wurden, stellen sich immer mehr Anlagegesellschaften darauf ein. Sie bieten die Möglichkeit an, *Kapital in Bauträgergesellschaften für Altenheime anzulegen*. Dieses Geld verzinst sich dann. Der Kapitalgeber erwirkt für sich oder für seine Angehörigen das Recht, vorrangig dort aufgenommen zu werden. Reicht das Kapital beim Abschluß des Vertrages nicht aus, dann sind die Anlageberater noch bei der Finanzierung behilflich. Die Zinsen können wiederum steuerlich geltend gemacht werden. Familienangehörige können Gelder zuschießen, die sie wiederum als Sonderabschreibungen beim Finanzamt angeben. Den Altenheimen selbst kann man Gelder zur Verfügung stellen, mit denen der Träger die Kosten des Heimes bestreiten oder Investitionen tätigen kann. Das genaue Verfahren ist zum Beispiel durch das Heimgesetz genau geregelt. Nicht zu vergessen auch die *Rente* selbst trägt zur Finanzierung bei. Was ist mit den *Bausparverträgen*? Prüfen Sie, ob Sie den Bausparvertrag dazu hernehmen können, sich eine Wohnung in einer Einrichtung der Altenhilfe zu finanzieren.

Dieses Buch soll eine Orientierungshilfe sein. Gerade bei der Finanzierung ergeben sich viele Möglichkeiten, wenn die betroffenen Menschen sich rechtzeitig damit befassen. Sie sollten versuchen, Emotionen dabei außer Betracht zu lassen. Irgendwann kommt der Punkt, an dem Sie sich entscheiden müssen, freiwillig oder gezwungen. Dann ist es beruhigender, schon vorgesorgt zu haben. Fast 90% der Alten in Deutschland leben zu Hause! Nur leben viele in sog. Substandardwohnungen (ohne Bad oder Dusche, ohne Zentralheizung etc.). Scheuen Sie sich nicht, rechtzeitig einen Steuerberater aufzusuchen und dort ihre finanziellen Angelegenheiten zu planen.

In den Jahren 1990 und 1991 sind heftige Diskussionen über eine sogenannte *"Pflegefallversicherung"* aufgekommen. Das Thema ist für die Politiker so heiß, daß es Anfang 1991 wieder vertagt wurde. Das Problem dabei ist, ob die Gelder dann tatsächlich auch zweckgebunden verwendet werden. Entscheidungen über Fragen der Finanzierung der vermehrt auf uns zukommenden Pflegefälle sind dringend und längst überfällig.

8. Wartezeiten, Verträge

8.1. Wartezeiten

Mittlerweile sind die Plätze in den Altenwohnheimen oder Seniorenresidenzen so gesucht, daß es Wartelisten gibt. Wartezeiten von mehreren Jahren sind keine Seltenheit. Deshalb rechtzeitig informieren. Auch hier wieder: Es ist sinnvoller zu agieren, als später nur noch beschränkt reagieren zu können. Dabei ist die Organisation eines Heimes zu beachten. Es gibt dreigliedrige Einrichtungen, d. h.

1. Stufe: Altenwohnheim,
2. Stufe: Altenheim,
3. Stufe: Altenpflegeheim.

Hier werden die Bewohner, die freiwillig einziehen, zuerst ins Wohnheim ziehen, und dann bei Bedarf innerhalb der Einrichtung umziehen. Heute geht man immer mehr dazu über, eingliedrige Heime zu bauen, damit dem Heimbewohner der Umzug, genauer die Verlegung, erspart bleibt. Auch dies ist ein wichtiger Grund, sich rechtzeitig um eine passende Wohnmöglichkeit zu bemühen. Vielleicht sogar noch eine Bewerbung in einer oder mehreren anderen Einrichtungen anstreben, so daß man auch dort auf der Warteliste erscheint.

8.2. Verträge

Zwischen dem Benutzer des Heimes und dem Träger des Heimes wird ein Vertrag geschlossen. Das Heim bietet eine Dienstleistung an: den Wohnraum zur Verfügung zu stellen und gegebenenfalls den Bewohner auch pflegerisch zu betreuen. Der Vertragspartner verpflichtet sich, den Mietzins rechtzeitig zu zahlen und die Mietsache ordnungsgemäß zu benutzen. Das Verhältnis beider Partner regeln die geltenden Gesetze.

Am 1. August 1990 trat ein neues Heimgesetz in seiner geänderten Fassung in Kraft. "Dieses Gesetz gilt für Heime, die alte Menschen sowie pflegebedüftige oder behinderte Volljährige nicht nur vorübergehend aufnehmen." § 2 sagt aus, daß es der Zweck des Gesetzes ist, "insbesondere die Selbständigkeit und Selbstverantwortung der Bewohner im Heim zu wahren". § 4: "Die Leistungen des Trägers sind im einzelnen zu beschreiben". Also bestehen Sie darauf, daß im Vertrag genau festgehalten ist, welche Leistungen der Betreiber des Heimes Ihnen gegenüber erbringt. Er hat "seine Leistungen, soweit es ihm möglich ist, einem verbesserten oder verschlechterten Gesundheitszustand des Bewohners anzupassen" (§ 4a). Lassen Sie sich versichern, daß Sie im Krankheitsfall versorgt werden können. Damit es Ihnen nicht passiert, daß Sie schwer erkranken und lange im Krankenhaus liegen müssen, und dann das Heim sagt, daß es Ihre Pflege nicht mehr übernehmen kann. In diesem Fall stünde Ihnen ein weiterer Umzug in ein Pflegeheim bevor. Vielleicht ist es nicht schlecht, wenn Sie sich vor dem Umzug ins Altenwohnheim gründlich ärztlich untersuchen lassen, und sich bestätigen lassen, wie Ihr körperlicher und geistiger Zustand ist. Denn es geht hier um Geld. Im Pflegebereich ist vor der Aufnahme eine ärztliche Untersuchung sogar zwingend. Je höher die Pflegestufe, desto teurer sind die Aufwendungen. Das Heim ist berechtigt, die Kosten angemessen zu erhöhen oder zu senken! Der Heimbewohner kann den Vertrag jederzeit kündigen. Der Heimträger nur aus wichtigem Grund (§ 4b HeimG). "Die Erhöhung des Entgeltes bedarf der Zustimmung des Bewohners" (§ 4c HeimG). Prüfen Sie genau und vergleichen Sie.

Heimbeirat. Ein weiterer Bestandteil des Heimgesetzes ist die "Verordnung über die Mitwirkung der Bewohner von Altenheimen, Altenwohnheimen und Pflegeheimen für Volljährige in Angelegenheiten des Heimbetriebes". Dieser Passus regelt die Mitarbeit der Bewohner und das Mitspracherecht der gewählten Mitglieder des Heimbeirates.

"Die Bewohner wirken durch einen Heimbeirat in den Angelegenheiten des Heimbetriebes wie Unterbringung, Aufenthaltsbedingungen, Heimordnung, Verpflegung und Freizeitgestaltung mit" (§ 5 HeimG). Überlassen Heimbewohner dem Träger nach § 14 HeimG Leistungen und Sicherheiten zur Erfüllung der Verpflichtungen aus dem Heimvertrag, dann kann der Heimbeirat auch auf die Verwaltung und Wirtschaftsführung des Heimes einwirken. Das sind bedeutende Paragraphen, denn im Alter wird die Verpflegung und der Aufenthalt innerhalb des Heimes, oft sogar in den eigenen vier Wänden, sehr wichtig. Hier ist es notwendig, daß Ihnen bewußt wird, daß Sie den Heimbeirat brauchen und unterstützen müssen, damit er als Verhandlungspartner gegenüber dem Heim Ihre eigenen Interessen wahrt! Viele haben es noch nicht begriffen, denn manche Heime lassen einen "Heimbeirat" wählen, nur damit der Form Genüge getan ist. Dabei gibt gerade die Einrichtung dieses Heimbeirates allen Heimbewohnern die Möglichkeit, selbst zu bestimmen, wie sie ihr Leben gestalten wollen. Früher konnten sie dies unmittelbar in der alten Wohnung, jetzt nur noch mittelbar. Es kommt darauf an, was man daraus macht. Dabei ist nicht impliziert, daß nun Träger und Heimbeirat sich als Gegner gegenüberstehen. Vielmehr sollen sie sich ergänzen.

Im Heimgesetz (§ 6 HeimG v. 1. Aug. 1990) ist dem Träger die Erlaubnis zu entziehen, wenn "insbesonders die Zahl der Beschäftigten und deren persönliche und fachliche Eignung für die ausgeübte Tätigkeit nicht ausreichen". Lassen Sie sich bei den Vertragsverhandlungen erläutern, wie sich das Personal zusammensetzt. Nicht jeder, der im weißen Kittel im Haus herumläuft ist z. B. eine examinierte Pflegekraft. Und zahlen müssen Sie doch für eine qualifizierte Betreuung.

Die "Verordnung über die Pflichten der Träger von Altenheimen, Altenwohnheimen und Pflegeheimen für Volljährige im Falle der Entgegennahme von Leistungen zum Zwecke der Unterbringung eines Bewohners oder Bewerbers (HeimsicherungsV)" regelt den Fall, daß Bewohner dem Träger Geldleistungen überlassen (siehe 14 HeimG). Diese Verordnung regelt die Absicherung von Darlehen, die der Heimbewohner an den Träger des Heimes gegeben hat, z. B., wenn sich der Heimbewohner in ein Stift eingekauft hat.

Für die baulichen Anforderungen gilt die "Verordnung über bauliche Mindestanforderungen für Altenheime, Altenwohnheime und Pflegeheime für Volljährige (HeimMindBauV)". Hier sind zum Beispiel die Zimmergrößen, die Ausstattung der sanitären Anlagen und die Anforderungen an die Gemeinschaftsräume festgelegt. Wußten Sie, daß Zimmer, in denen Pflegebedürftige untergebracht sind, mit einer Rufanlage ausgestattet sein müssen, die vom Bett aus bedient werden kann? Sehen Sie in ihrem zukünftigen Appartement nach, ob dort gegebenenfalls ein Anschluß für die Bettklingel ist.

Auch hier wieder der Hinweis, daß Leute, die ins Heim ziehen wollen, sich *rechtzeitig* Rat holen sollen. Mittlerweile gibt es in den Städten meist Seniorenbeiräte, Verbraucherorganisationen oder Initiativgruppen von Betroffenen. Außerdem sind die Mitarbeiter in den Behörden angehalten zu beraten. Sie können den Heimvertrag, den man Ihnen vorlegt, auch durch einen versierten Rechtsanwalt prüfen lassen. Manche Leute lassen sich beim Gebrauchtwagenkauf umfangreicher beraten als wenn sie ins Altenwohnheim umziehen!

8.3. Beispiel für ein Angebot

In letzter Zeit fand ich in den einschlägigen Seiten der Tageszeitungen immer öfters Angebote, daß Plätze in Seniorenwohnstiften frei sind, oder daß geplant ist, solche Anlagen zu errichten. Um den LeserInnen durchschaubarer zu machen, wie so ein Angebot aussehen kann, werde ich ein fingiertes Angebot des "Altwerdenerwohnstift e. V." zusammenstellen. Solche Angebote sind durchaus eine empfehlenswerte Möglichkeit, sofern die finanziellen Voraussetzungen vorhanden sind. Die nachfolgende Selbstdarstellung verdeutlicht solch ein Stifts-Angebot:

ALTWERDENERWOHNSTIFT E. V., HIMMELSHAUSEN

Am 30. Februar 1991 wurde der Verein in Himmelshausen gegründet. Ziel des Vereines ist: Alten Menschen ein menschenwürdiges Altern zu ermöglichen. Dazu plant und betreibt der Verein Einrichtungen der Altenhilfe. Es werden stufenlose Anlagen bevorzugt. 60% der Bewohner der zu erstellenden Einrichtungen sollen mindestens die letzten 5 Jahre einen Wohnsitz in Himmelshausen gehabt haben. Der Verein ist als gemeinnützig anerkannt. Der Verein ist dem DPWV angeschlossen.

Genaueres entnehmen Sie bitte der Satzung und dem Prospekt! Weil der Verein Geldmittel benötigt, um das Bauvorhaben am Bach durchzuführen, brauchen wir ein sog. Bewohnerdarlehen. Das ist Ihr persönlicher Beitrag zur Finanzierung. Zur Sicherheit ist Ihr Darlehen über ein Grundpfandrecht gemäß § 12 SicherungsVO des Heimgesetzes vom 23. April 1990 durch das Grundstück am Bach abgesichert. Das Darlehen verzinst sich (z. B. Spareckzins). Nach Einzug werden die Zinsen verrechnet.

Wichtig:
Sie haben erst ein Anrecht auf eine der unten genannten Wohneinheiten wenn folgende Bedingungen erfüllt sind:
- dem Verein muß eine verbindliche Anmeldung vorliegen
- mit dem Verein muß ein sog. Darlehensvertrag abgeschlossen sein
- mindestens 50% des Darlehensbetrags der gew. Wohneinheit müssen auf unserem Konto eingezahlt sein.

Nachfolgend die Bewohnerdarlehen für die einzelnen Wohnungstypen:

Moni	1 Zi.App.	12.300,– DM
Irmi	1 Zi.App., aber auf Pflege, vorgerichtet (Bett), ca 25 qm	14.650,– DM
Evi	1 1/2 Zi.App. mit Loggia, Blick zum Garten, ca 34 qm	16.000,– DM
Eva	dto., mit Pflegemöglichkeit	17.500,– DM
Resi	2 Zi.App. ca 54 qm	20.000,– DM
Rosa	dto., ca 68 qm	30.000,– DM

Über Finanzierungsmöglichkeiten reden Sie am besten mit ihrer Hausbank oder dem Steuerberater. Bei Vertragsabschluß werden noch einmalige Bearbeitungsgebühren anfallen, die jedoch nicht mehr als DM 300,– ausmachen dürften.

Nun werden Sie sich sicherlich für die späteren monatlichen Kosten interessieren. Nach unserer Kalkulation auf Selbstkostenbasis werden Sie für o. g. Wohnungstypen folgende monatlichen Mietbeträge aufwenden müssen:

Moni	ca 1.900,– DM
Irmi	ca 2.200,– DM
Evi	ca 1.400,– DM/Person
Eva	ca 1.550,– DM/Person
Resi	ca 1.700,– DM/Person
Rosa	ca 1.850,– DM/Person

Wird die Wohnung nur von einer Person bewohnt, vermindert sich der Preis. Der Preis beinhaltet die Miete und die Nebenkosten (incl. Telefon- und Kabelanschlußvorhaltung), wöchentliche Reinigung, Gesamtreinigung vierteljährlich. Eine warme Mahlzeit ist abgerechnet. Werden weitere Mahlzeiten gewünscht, erhebt der Verein einen zusätzlichen Betrag. Benötigen Sie in ihrem Appartement Pflege, wird der Satz berechnet, der auch sonst für den jeweiligen Pflegegrad erhoben wird (Beispiel: Irmi: 2.200,– DM plus 40,– DM für Plege/Tag mal 30 Tage = 3.400,– DM).

Wir hoffen, Sie bald als Mitglied in unserem Trägerverein begrüßen zu können und stehen Ihnen für weitere Auskünfte zur Verfügung ...

8.4. Verpflichtungen dem Heim gegenüber

Sämtliche Verpflichtungen, die Sie dem Heim gegenüber haben, sollten im Vertrag aufgeführt sein. Stellen wir noch einmal zusammen: Aus dem vorher Gesagten geht hervor, wie wichtig es ist, daß der Träger sein Entgelt bekommt. Deshalb sichern Sie sich Ihr geregeltes Einkommen, notfalls mit Hilfe des Bundessozialhilfegesetzes. Außerdem haben Sie die Mietsache und deren Installationen pfleglich zu behandeln. Der Bewohner haftet auch für Schäden, die Besucher verursacht haben. Außerdem sollte er den Träger durchaus rechtzeitig über Gesundheitsveränderungen informieren. Das ist in seinem eigenen Interesse, gerade in der dreigliedrigen Einrichtung, damit rechtzeitig ein Platz gesucht werden kann. Der Bewohner hat die Hausordnung zu beachten. Erkundigen Sie sich voher, ob Sie z. B. verpflichtet sind, zu einer/mehreren/allen Mahlzeiten im Speisesaal zu erscheinen oder ob ähnliche Pflichten existieren. Entscheiden Sie, ob Sie diese Verpflichtungen eingehen können und wollen.

8.5. Kündigungszeiten

Die Kündigungszeiten und die Vertragsdauer regelt der § 4b des Heimgesetzes.
(1) Der Heimvertrag wird in der Regel auf unbestimmte Zeit abgeschlossen, soweit nicht im Einzelfall eine nur vorübergehende Aufnahme des Bewohners beabsichtigt ist (das wäre bei Kurzzeitpflege der Fall).
(2) Der Bewohner kann den Heimvertrag spätestens am dritten Werktag eines Kalendermonats für den Ablauf des nächsten Monats schriftlich kündigen. Er kann aus wichtigem Grund ohne Einhaltung einer Kündigungsfrist kündigen, wenn ihm die Fortsetzung des Heimvertrages bis zum Ablauf der Kündigungsfrist nicht zuzumuten ist.
(3) Der Träger eines Heimes kann den Heimvertrag nur aus wichtigem Grund kündigen. Wenn:
– Der Betrieb des Heimes eingestellt wird,
– der Gesundheitszustand des Bewohners sich so verändert hat, daß seine sachgerechte Betreuung in dem Heim nicht mehr möglich ist,
– der Bewohner seine vertraglichen Pflichten schuldhaft so gröblich verletzt, daß dem Träger die Fortsetzung des Vertrages nicht mehr zugemutet werden kann oder
– der Bewohner mit der Miete (ca zwei Monatsmieten) in Verzug ist.
(4) Zahlt der Mieter dem Träger innerhalb der Frist, dann ist die Kündigung hinfällig.
(5) Die Kündigung durch den Träger eines Heimes bedarf der Schriftform.
(6) Hat der Träger gekündigt, muß er dem Bewohner eine

angemessen anderweitige Unterbringung nachweisen. Er hat sich sogar an den Umzugskosten zu beteiligen.
(7) Stirbt der Bewohner, so endet das Vertragsverhältnis mit dem Eintritt des Todes. Jedoch kann der Träger in gewissem Umfang weiter Entgelt verlangen. Üblich ist, daß der Erbe für die Renovierung aufkommen muß.

Bewohner von Senioren- und Altenwohnheimen sollten das gewählte neue Zuhause von Zeit zu Zeit kritisch überprüfen. Vielleicht läßt die Qualität des Essens nach oder die neu verordnete Gallendiät kann von der Küche nicht fachgerecht zubereitet werden. Fragen Sie sich:

- Hält die Einrichtung das, was ihr Prospekt versprach?
- Bleibt das Personal relativ konstant oder findet permanent ein störender Personalwechsel statt?
- Wie hat sich das Preisniveau inzwischen verändert? Wie sehen die Kosten in vergleichbaren Häusern inzwischen aus?
- Was stört mich hier schon seit langem?

Es kann passieren, daß das sorgfälig ausgewählte Wohnheim im Laufe der Zeit zur "Zwangsjacke" wird. Gespräche mit der Heimleitung und dem Heimbeirat können vielleicht zu einer Änderung führen. Wenn nicht, wird die Situation durch Abwarten und Zuwarten nicht besser. Überlegen Sie: Habe ich eine *echte* Alternative? Wäre ein Umzug in ein anderes Haus finanziell möglich? Welche Dinge sprechen für, welche gegen einen Auszug? Ist die vertragsrechtliche Situation geklärt? Wann ist ein Umzug praktisch durchführbar? Habe ich Menschen, die mich dabei unterstützen? Leider ist die Scheu oder Angst vor einem Heimwechsel groß. "Man bleibt wo man ist" und ist weiterhin mit der vorhandenen Heimsituation unzufrieden. Dabei könnte manches Mal durch einen Heimwechsel die Lebenssituation des alten Menschen verbessert werden. Nur fehlt oft der *Mut* zu diesem Schritt: *den Jahren wieder Leben zu geben und nicht nur dem Leben Jahre.*

8.6. Heimaufsicht

Für den Bewohner ist auch wichtig zu wissen, wie die sogenannte Heimaufsicht abläuft. Nach dem Heimgesetz unterliegen die Heime der Altenhilfe der staatlichen Heimaufsicht. Normalerweise werden die Heime alle zwei Jahre durch die Heimkommission besichtigt. Diese Kommission kündigt sich vorher an. Das neue Heimgesetz bringt die Verbesserung, daß die Mitglieder der Besichtigungsgruppe fachlich geeignet sein müssen. Unangemeldete Kontrollen erfolgen nur, wenn aufgrund von Verdacht über Unregelmäßigkeiten oder vorliegenden Beschwerden eine Überprüfung notwendig erscheint. Aus diesem Grund verfolgen manche Träger eine zurückhaltende Öffentlichkeitsarbeit. Bei Einrichtungen der Bezirke (z. B. Pflegeheime) soll man sich an die Regierung des Landes wenden. Ist der Träger einem der Landesverbände der freien Wohlfahrtspflege angeschlossen, dann bearbeiten die Landkreise (oder kreisfreien Städte) eingehende Beschwerden. Alle übrigen Einrichtungen (private Träger) gehören in den Zuständigkeitsbereich der Kreisverwaltungen. Diese Organe sollen überprüfen, ob Pflege sichergestellt ist und die gesundheitlichen und sozialen Bedürfnisse der Heimbewohner erfüllt sind. Auch sollen sie überprüfen, ob die Auflagen der Heimmindestbauverordnung (vom 3. Mai 1983) eingehalten werden. Jedoch können den Betreibern Übergangsfristen eingeräumt werden, die bis zu zehn Jahren betragen können. Also achtgeben, wenn bei der Besichtigung zuviel von geplanten Umbaumaßnehmen geredet wird.

8.7. Weitere rechtliche Hinweise

Fragebogen, Datenschutz. Wenn Sie sich auf die Warteliste eines Wohnheimes setzen lassen, werden Sie aufgefordert, einen Fragebogen zu Ihrer Person auszufüllen. Sie geben Ihre Personalien an, nennen Ihre nächsten Verwandten und geben Auskunft über Ihre finanziellen Möglichkeiten. Manchmal verlangt die Heimleitung schon bei der Aufnahme auf die Warteliste eine ärztliche Untersuchung (ärztlicher Fragebogen), was m. E. zu diesem Zeitpunkt eigentlich noch gar nicht nötig wäre. Auf jeden Fall muß jedoch eine ärztliche Untersuchung bei Eintritt ins Heim stattfinden. Die Heimleitung ist selbstverständlich verpflichtet, den gesetzlichen Datenschutz einzuhalten und sämtliche Akten über die Bewohner unter Verschluß zu halten.

Vollmacht über den Tod hinaus. Da der Umzug ins Altenwohnheim meist etwas Endgültiges ist, sollten sich die Bewohner Gedanken über das Erbe machen. Gegebenenfalls kann das ihre Angehörigen vor unliebsamen Überraschungen schützen. Sie können einem Menschen, dem sie vertrauen, eine "Vollmacht über den Tod hinaus" erteilen (z. B. wegen des Bankkontos). Der kann dann anfallende Kosten decken, bis ein Erbschein ausgestellt ist. Ein Testament geht der gesetzlichen Erbfolge immer vor! Nur die Pflichtteilsberechtigten kann man nicht übergehen. Ein Testament muß vom Erblasser eigenhändig geschrieben und eigenhändig unterschrieben sein. Günstig ist es, wenn ein sogenannter Testamentsvollstrecker durch den Erblasser bestimmt wird. Weitere Auskünfte geben bei den Amtsgerichten die Rechtspfleger, oder Sie lassen sich durch einen Notar helfen.

Patientenverfügung. Auch wer rüstig in ein Heim umzieht, sollte sich nicht scheuen, an Krankheit zu denken. Sie sollen selbst vorsorgen, was geschehen soll, wenn Sie so erkranken, daß Sie sich nicht mehr selbst äußern können. Das kann im Falle einer notwendigen Operation sein. Die Medizin ist heute in der Lage, das Sterben eines Lebewesens hinauszuzögern. Sie können den Ärzten und Verwandten gegenüber die Lage klären, indem Sie im Heim hinterlegen, wer die Zustimmung zu ärztlichen Eingriffen (auch eine Spritze) geben darf. Viele Menschen wünschen nicht, daß ihr Leben unnötigerweise verlängert wird. Dann sollte man eine Patientenverfügung verfassen, die dem Arzt seine Gewissensentscheidung erleichtert. Er wurde ja gerufen, um zu helfen. Eine Patientenverfügung ist kein Testament. Wesentlicher Unterschied ist, daß die Patientenverfügung Regelungen trifft für die Zeit *vor* dem Ableben des Patienten. (Das Testament tut die letztwillige Verfügung des Verstorbenen kund, was mit seinem Besitzt zu geschehen hat, oder wie Familienangelegenheiten geregelt werden.) Die Patientenverfügung kann man aufbewahren wo man will. Im Falle, daß man keine Patientenverfügung erstellt hat und seine Anliegen nicht mehr selbst regeln kann, liegt es in der Gewissensentscheidung des Arztes, wie er in der Behandlung oder Versorgung verfährt. Die ethischen Fragen will ich hier nicht ansprechen. Ich verweise auf das neue Betreuungsgesetz, nach dem man jemanden bestimmen kann, dem man vertraut und der für einen dann mit entscheiden kann.

Pflegschaft. Wenn sich der geistige Zustand eines Heimbewohners so ändert, daß er nicht mehr in der Lage ist, seine Angelegenheiten selbst zu regeln, dann braucht er Hilfe. Früher wurden die Menschen entmündigt. Mittlerweile ist das Betreuungsgesetz so geändert, daß sich der Betreffende selbst einen Menschen seines Vertrauens zum Pfleger bestellen kann. Außerdem muß das Vormundschaftsgericht in regelmäßigen Abständen untersuchen, ob die Pflegschaft noch zu Recht besteht.

Freiheitsberaubung. Befindet sich der Heimbewohner in einer solchen Verfassung, daß er sich oder andere ernstlich gefährdet, kann er kurzfristig "fixiert" werden. Aber Achtung: Das ist Freiheitsberaubung. Zur Rechtfertigung der Fixierung sind sofort (innerhalb von 24 Stunden) eine richterliche Anweisung und ein ärztliches Gutachten erforderlich. Sowohl die Fixierung wie das allgemein beliebte Bettgitter dürfen nicht ohne Anhörung des Bewohners (oder, wenn dieser dazu nicht mehr fähig ist, des verantwortlichen Angehörigen/Pflegers/Vormunds) angebracht bzw. benutzt werden.

9. Essen

Das Essen, die Mahlzeiten, gewinnen im Alter – im Vergleich zu jüngeren Jahren – i. d. R. an Bedeutung. Daß es Ihnen bei Ihrem zukünftigen Aufenthaltsort schmeckt und bekommt, ist ein nicht zu unterschätzender Faktor. Deshalb: Studieren Sie nicht nur die Speisekarte des Hauses, essen Sie auch zur Probe eine oder mehrere Mahlzeiten mit. Manche Häuser werden es Ihnen von sich aus anbieten. Beobachten Sie, wie viele und welche Essen es zur Auswahl gibt, mittags bzw. abends. Wie sieht das Frühstück aus? Wie der Nachmittagskaffee?

Wer eine spezielle Diät essen muß, vergewissert sich bei der Wahl des Hauses, ob die Küche darauf eingestellt ist. Können Sie selbst entscheiden, ob Sie zum Essen den Speisesaal aufsuchen oder sich Ihr Essen im Zimmer servieren lassen? Die Erfahrungen zeigen, daß viele Heimbewohner Wert darauf legen, nicht allein zu essen. Bei Tisch können Gespräche geführt und Gedanken ausgetauscht werden. Großer Beliebtheit erfreut sich oft der Nachmittagskaffee. Er ist für viele Heimbewohner ein täglicher Treffpunkt.

Es muß auch darauf hingewiesen werden, daß man sich die Tischgesellschaft nicht immer aussuchen kann. Jeder muß sich dann mit den unterschiedlichen Eßgepflogenheiten und Eigenarten seines Tischnachbarn abfinden.

Wie die Selbstversorgungsmöglichkeiten aussehen, werden Sie in Erfahrung bringen. Erfragen Sie, welche Getränke Sie selbst zahlen, welche in den Preisen inbegriffen sind, und wie Sie sich am günstigsten Getränkelieferungen organisieren.

Noch eine Bemerkung zum Schmecken: Bekanntlich lassen im Alter häufig die Wahrnehmungsfähigkeiten nach. Ebenso wie sich das Gehör und die Sehfähigkeit verschlechtern können, kann sich auch die Geschmackswahrnehmung ändern. Nicht immer also muß es an der Köchin liegen, wenn das Lieblingsgericht nicht mehr so mundet wie früher ...

10. Zusammensetzung und Aufgaben des Personals

Je nach Größe und Aufgabenstellung des Hauses ist das Personal in einem Altenwohnheim unterschiedlich zusammengesetzt. Neben dem technischen- und Verwaltungspersonal sind AltenpflegerInnen und Personal aus weiteren Pflege- und Heilberufen vorhanden, ggf. auch ein Arzt und ein Seelsorger.

AltenpflegerInnen: Damit Sie sich einen groben Überblick machen können über die Zusammensetzung des Heimpersonals in den einzelnen Wohnformen, hier eine kurze Zusammenstellung des gängigen Personalschlüssels, d. h. des zahlenmäßigen Verhältnisses zwischen Bewohnern und Mitarbeitern der Altenpflege.

allgemeiner Wohnbereich ca	1 Mitarbeiter	: 16	Bewohner
Wohnbereich/ Leichtpflege ca	1 "	: 8	"
Pflegebereich ca	1 "	: 3	"
Gerontopsychiatrie	1 "	: 2,5	"

Damit müssen aber die ganzen Schichtdienste und die Urlaubszeiten abgedeckt werden. Das bedeutet, daß im Endeffekt wesentlich weniger Personal dem einzelnen Heimbewohner zur Verfügung steht. *Lassen Sie sich genau sagen, wie sich die Mitarbeiter in Ihrem zukünftigen Haus zusammensetzen.* Es gibt examinierte AltenpflegerInnen, AltenpflegehelferInnen (einjährige Ausbildung), AltenpflegehelferInnen mit Kurzausbildungen, dann Zivildienstleistende, unausgebildete Kräfte und ehrenamtliche Helfer. Da sich in den letzten Jahren die Anforderungen in der Altenpflege ständig weiterentwickelt haben, sollten Sie darauf achten, daß möglichst viel Fachpersonal im Haus ist. Altenpflege ist heute ein qualifizierter Beruf mit mindestens zweijähriger Ausbildung. Wegen der gestiegenen Anforderungen ist geplant, eine dreijährige Ausbildung aufzubauen. Hauspersonal wird Ihnen später kaum in pflegerischen und medizinischen Belangen helfen können. In vielen Häusern kommen zum Pflegepersonal noch *Sozialarbeiter, Krankengymnasten, Logopäden, Beschäftigungstherapeuten, Physiotherapeuten.*

Technisches Personal: Zumindest ein Hausmeister sollte vorhanden sein. Große Häuser haben eine eigene Hauswirtschaftsleitung. Nach dem neuen Heimgesetz muß die Leitung eines Altenheimes fachlich (AltenpflegerIn, KrankenpflegerIn) geeignet sein. Früher konnte jeder ein Heim betreiben, der persönlich geeignet war. Ganz wichtig sind gute Köche. Noch besser ist es, wenn eine Diätassistentin da ist, um die Diäten zu berechnen und zu überwachen. Reinigungspersonal, Stationshilfen und Verwaltungskräfte kommen noch dazu. Die Pflege alter Menschen ist sehr personalintensiv, aber auch erforderlich für einen menschenwürdigen Lebensabend.

Aufgaben des Pflegepersonals

Das Berufsethos des Pflegepersonals prägt den Stil des Hauses. Jeder, der sich entschließt, eine Arbeit in der Altenpflege aufzunehmen, wird das nicht leichtfertig oder unüberlegt tun. Das Pflegepersonal sorgt für das leibliche Wohl (Essen, Trinken) der Heimbewohner und achtet darauf, daß die medizinischen Verordnungen und Maßnahmen gewissenhaft verabreicht bzw. durchgeführt werden. Das Pflegepersonal ist außerdem behilflich bei der Körper- und Intimpflege. Es hat dabei das Schamgefühl der alten Menschen zu achten und unterliegt der Schweigepflicht. Insbesondere was die Pflegestation betrifft, können Sie nach dem *Pflegekonzept* des Hauses fragen (Arbeitsverteilung, Betreuungseinheiten, Bereichspflege, aktivierende Pflege u. ä.).

Ich möchte an dieser Stelle genauer auf das verhältnismäßig neue Berufsbild des Altenpflegers einzugehen, denn mit der Qualität des Fachpersonals hängt Ihre Lebensqualität zusammen.

Die Aufgaben des Altenpflegers bestehen in selbstständiger und verantwortlicher Betreuung und Pflege gesunder und pflegebedürftiger alter Menschen in der offenen und der stationären Altenhilfe. Dies bedeutet, auf das Alter vorbereiten und bei dessen Bewältigung zu helfen. Wichtigste Aufgabe des Altenpflegers ist es, ältere Menschen zur Selbsthilfe in der Gestaltung ihres Lebensbereiches anzuregen und dadurch die Selbständigkeit des Menschen zu erhalten und zu erweitern. Der Altenpfleger gibt ganzheitliche Hilfen bei Pflege und Rehabilitation, ebenso bei Betreuung und Beratung. Diese sind in der Altenhilfe nicht voneinander zu trennen.

Der pflegebedürftige alte Mensch muß mit seinen physischen, psychischen und sozialen Bedürfnissen gesehen werden. Das erfordert die qualifizierte ganzheitliche Pflege. Fachgerechte Pflege strebt an: Wiederherstellung und Erhalt der Lebensfunktionen, um den Verbleib im – oder die Rückführung in den – gewohnten Lebensbereich zu ermöglichen.

Oft ist durch rehabilitative Maßnahmen eine völlige Wiederherstellung des betroffenen alten Menschen nicht zu erreichen. Diese Erkenntnis muß der Altenpfleger berücksichtigen. Die Aufgabe, psychisch veränderte und körperlich vermindert leistungsfähige alte Menschen – die häufig auch von Vereinsamung bedroht sind – zu betreuen, ergibt für den Altenpfleger eine erhöhte Verantwortung. Er kümmert sich auch um die Wahrung der Rechtsinteressen und der persönlichen Bedürfnisse. Dies erfordert vom Altenpfleger menschliche Reife und hohe fachliche Qualifikation.

Im Pflegebereich unterstützt der Altenpfleger den Arzt, indem er ärztliche Anordnungen selbständig ausführt. Der Altenpfleger hat die Aufgabe, Hilfskräfte in seinen Arbeitsbereich zu integrieren und deren Tätigkeit zu beaufsichtigen. Hierzu gehört u. a., Angehörige und Nachbarn zu motivieren, zu beraten und zur Pflege anzuleiten. Der Altenpfleger übt seinen Beruf in den Einrichtungen und bei Maßnahmen der offenen und stationären Altenhilfe in ständigem Kontakt mit den alten Menschen aus.

11. Ärztliche Versorgung innerhalb und außerhalb des Hauses

Normalerweise muß kein Arzt im Altenwohnheim sein. In Altenheimen ist es oft so, daß ein sog. Belegarzt vorhanden ist. Das kann ein praktischer Arzt sein, der zu bestimmten Zeiten im Altenheim anwesend ist. Dann macht er Visiten und routinemäßige Untersuchungen. Ansonsten gilt auch hier die freie Arztwahl. Nur – was nützt die freie Arztwahl, wenn der eigene Hausarzt selten kommt. Wenn möglich, sollte der Kontakt zum langjährigen Hausarzt trotz der Übersiedlung ins Altenheim nicht abreißen. Da er den alten Menschen schon lange ärztlich betreut und deshalb am besten kennt, stellt der Kontakt eine besondere Bezugsebene dar. Wenn nötig, organisiert die Heimleitung den Transport zum behandelnden Arzt. Ebenso werden die Transporte zur Dialyse und zum jeweiligen Herzschrittmacherzentrum organisiert.

Bitte informieren Sie sich vorher, wie die ärztliche Versorgung in dem Altenwohnheim organisiert ist. Können Sie den alten Hausarzt behalten? Hat das Haus einen Belegarzt? Manches Mal habe ich erfahren, daß es von Vorteil ist, wenn ein Belegarzt da ist. Wenn er seine Aufgabe ernst nimmt, dann wird er häufig kommen und auch erreichbar sein. Er sollte sich in den geriatrischen Alterserkrankungen auskennen. Der erste Arztbesuch sollte gleich in der ersten Woche nach dem Einzug ins Heim stattfinden. Anfangsschwierigkeiten können dann vermindert werden, wie Schlafstörungen, Umstellung des Tagesablaufes, veränderte Mahlzeiten.

Der Kontakt zum Heimarzt ist auch deshalb von großer

Bedeutung, weil am Anfang der Austausch von wichtigen Informationen steht, wie Familienstruktur, Partnerprobleme, frühere Erkrankungen, Krankenhausaufenthalte, Operationen, auch spezielle Behandlungen von Fachärzten, Neurologen, Psychiatern, oder auch nach Schlaganfällen in Reha-Kliniken.

Bei rechtzeitiger Kommunikation zwischen Arzt und Heimbewohner kann ein echtes Miteinander erreicht werden. Die Lebensqualität wird so positiv beeinflußt. Spontane Besuche durch den Arzt sollten die Ausnahme sein, denn auch der Altenheimbewohner ist nicht immer "empfangsbereit". Ihm steht das Recht voll und ganz zu, seinen Tagesablauf so lange wie möglich selbst zu gestalten und seine Zeit zu verplanen. So kann es dann vorkommen, daß ein Spaziergang, ein Mittagsschläfchen oder eine persönliche Verpflichtung (privater Besuch) einen Arztbesuch unmöglich machen. Vereinbarte Besuchszeiten sind effektiver. Der Belegarzt kennt den Heimbewohner nach einiger Zeit recht gut, auch in seinen verschiedenen Verfassungen. Denn es ist nicht damit getan, daß der Hausarzt den Altenwohnheimbewohner im Heim besucht, ihm einen guten Tag wünscht, den Puls fühlt und dafür Visite aufschreibt. Oder daß er sich alleine auf die Angaben des Pflegepersonals verläßt. Sie haben einen Anspruch darauf, daß der Arzt Sie untersucht, seine Diagnose stellt und mit Ihnen darüber spricht. Achten Sie darauf, daß Sie nicht in eine für Sie unangemessene Pflegestufe kommen, die dem Haus nur mehr Geld bringt. Es gibt vier Pflegestufen. Bei der Pflegestufe vier kann der höchste Pflegesatz genommen werden.

Bestehen Sie darauf, daß man Sie über die übliche ärztliche Versorgung informiert. Gerade im Alter sollte Sie der Arzt öfters sehen. Vor allem ist wichtig, daß die Zusammenarbeit mit den Fachärzten garantiert ist. Damit zum Beispiel bei Lähmungserscheinungen auch zum Neurologen überwiesen wird! Genauso gehört die Verschreibung von Psychopharmaka unbedingt in die Hände eines Facharztes der Psychiatrie. Diese Medikamente können Nebenwirkungen haben, die wie normale Erkrankungen erscheinen. Wenn Nebenwirkungen der Medikamente wieder mit Medikamenten behandelt werden, dann wird es gefährlich. Wichtig ist auch – gerade im Alter – eine gute zahnärztliche Betreuung! Sollte das Heim nicht auf Ihre Wünsche bezüglich der ärztlichen Versorgung eingehen, dann kümmern Sie sich selbst darum. Wie schnell läßt die Sehkraft nach. Da ist es wichtig, daß rechtzeitig ein Augenarzt konsultiert wird. Rechtzeitig zum Ohrenarzt gehen. Heute gibt es fast 200 verschiedene Hörgerätetypen. Nur gehen die meisten Menschen zu spät zum Facharzt (Männer z. B. im Schnitt erst 11 Jahre, nachdem sie eine Hörminderung bemerkt haben). Holen Sie sich auch Rat beim Hörgeräteakustiker, oft sind zwei Hörgeräte besser als eins!

12. Weltanschauliche Ausrichtung des Hauses

In vielen Häusern findet regelmäßig einmal in der Woche ein Gottesdienst statt. Im allgemeinen sind es ökumenische Gottesdienste, an denen katholische und evangelische Heimbewohner gleichzeitig teilnehmen können. Jeder kann selbst entscheiden, ob er daran teilnimmt. Dieses Angebot ist ohne Zwang. In den meisten Häusern wird eine seelsorgerische Betreuung angeboten. Besuche von Geistlichen können gewünscht oder auch abgelehnt werden. Auch Seelsorge am Sterbebett hängt vom Wunsch des Sterbenden ab. Seelsorge muß nicht immer von Geistlichen ausgehen und im engeren Sinne religiös sein. Haben sich gute menschliche Kontakte zu einzelnen Personen des Personals entwickelt, kann sie auch von ihnen geleistet werden.

Sterben und Tod sind nach wie vor Tabus, die in Selbstdarstellungen der Heime und in Gesprächen gern vermieden werden. Versuchen Sie, die Einstellung des Hauses zum Sterben herauszufinden. Es gibt Häuser, die so geführt sind, daß sie eine natürliche Einstellung zum Sterben und zum Tod haben. Manche Träger ermöglichen es Sterbenden, im Kreis ihrer Angehörigen, Freunde und Nachbarn zu sterben. Nach dem Tod wird der Leichnam im Sterbezimmer aufgebahrt, so daß die anderen Bewohner die Gelegenheit haben, sich von dem Menschen zu verabschieden, mit dem zusammen sie ein Stück Weges gegangen sind. Oft werden die Toten aber auch sofort in die Leichenkammer gebracht. Ist der Leichnam aus dem Heim, finden in manchen Häusern Totenmessen und später Totengedenken statt. Manchmal kommen Angehörige des Toten weiterhin zu Besuch und beziehen die Zurückgebliebenen in die Außenwelt mit ein.

Wenn es Ihnen wichtig ist, versuchen Sie auch herauszufinden, wie der Träger mit Freitodverfügungen oder Patientenverfügungen (siehe Kapitel "Weitere rechtliche Hinweise") umgeht.

13. Kulturelles Angebot

Musik. Wenn Sie Interesse haben, erkundigen Sie sich, was im Hause in puncto Musik möglich bzw. vorhanden ist. Vielleicht bestehen Sing- und Musizierkreise. Stehen Musikinstrumente zum Ausleihen zur Verfügung? Manche Heimbewohner bringen ihre eigenen Instrumente mit. Was läßt die Hausordnung zu?

Vorträge und Gesprächsrunden. Zum Freizeitangebot gehören schon standardmäßig Diavorträge und kleine Referate über kulturelle (Geschichte, Reisen etc.) oder wissenschaftliche Themen, häufig medizinische (Herz- und Kreislauferkrankungen, Stoffwechselerkrankungen wie z. B. Diabetes mellitus). Lassen Sie sich das Programm des letzten Jahres zeigen, lesen Sie die Aushänge und Ankündigungen im Hause. Gute Heime bieten für die Bewohner Gesprächskreise an, bei denen aktuelle politische oder kulturelle Ereignisse besprochen werden.

Zeitungen. Liegen genügend und auch verschiedene Tageszeitungen aus? Welche Zeitschriften und Wochenzeitungen hat das Haus für die Bewohner abonniert?

Konzerte, Kino, Theater. Finden Aufführungen auch im Hause statt? Von den Heimleitungen werden Fahrten in Konzerte, Theater und Kinos organisiert. Wie sehen die Aktivitäten im einzelnen aus? Wie wird bei einem Busdienst die Benutzung abgerechnet?

Reisen. Kleinere, vom Träger organisierte Tagestouren und Busausflüge gehören in der Regel zum Standardprogramm. Einen besonderen Raum in der Freizeitgestaltung nimmt die Vermittlung von längeren Reisen ein. Es ist ein Irrtum zu glauben, daß Altenwohnheimbewohner von jedweden Reiseaktivitäten ausgeschlossen sind. Falls Sie an Reisen Interesse haben, sagen Sie diesen Wunsch der Heimleitung, z. B. wenn Sie selbst den Aufwand einer Vermittlung scheuen. Dabei zeigen die meisten Heimverwaltungen Verständnis für ihr Vorhaben, zumal oft die Heime auf gute Erfahrungen mit Reiseveranstaltern zurückgreifen können. Gute und preiswerte Angebote stehen z. B. in Südeuropa zur Auswahl, unter Umständen gar die Möglichkeit, dort zu überwintern. Es wird empfohlen, sich vor einer größeren Reise einer gründlichen Untersuchung zu unterziehen und sich die Reisefähigkeit ärztlich bestätigen zu lassen.

Eine andere Form der Altenerholung ist der "Urlaub vom Altenheim": Z. B. wird in Heimen der Caritas für 4 – 6 Wochen in den bayerischen Bergen diese Art der Altenerholung praktiziert. Auch das Betreuungspersonal wird dann gestellt.

Manche Altenheime, und auch Pflegeheime ("Urlaub von der Pflege") tauschen gegenseitig Plätze aus. So kann durch einen Tapetenwechsel und den Blick aus dem anderen Fenster auf eine andere Landschaft für ein paar Wochen Abwechslung in den Heimalltag kommen.

14. Freizeit und Sport

Sportliche Betätigung wird auch in Altenwohnheimen großgeschrieben. Sport muß Spaß machen, niemand darf überfordert werden: Diejenigen, die gemeinsam Sport treiben, sollten das gleiche Belastungsniveau haben. Schwimmen und altersgerechte Gymnastik sind die bevorzugten Disziplinen, die in Altenwohnheimen ausgeübt werden.

Erkundigen Sie sich, welche Gymnastik- und Spielgruppen bestehen. Achten Sie darauf, daß bei der Seniorengymnastik eine fachlich qualifizierte Anleitung anwesend ist. Denn mittlerweile gibt es besonders ausgebildete Übungsleiter für die Seniorengymnastik. Viele Bewegungsabläufe sind heute in der Seniorengymnastik verboten oder bedürfen einer genauen Anweisung. Die Fachkräfte wissen dies. Im Bereich des Seniorensports gibt es zwei große Richtungen: einmal eine fordernde Gymnastik, andererseits ein mehr auf Bewegung ausgerichtetes Körpertraining.

Großer Beliebtheit erfreut sich in letzter Zeit der "Senioren-Sitz-Tanz". Dieser "Sport" hat den Vorteil, daß auch Gehbehinderte und am Bewegungsapparat Erkrankte daran teilnehmen können. Der Senioren-Sitz-Tanz wird im Sitzen durchgeführt. Man sitzt im Kreis und zu einem Lied werden die entsprechenden Bewegungen pantomimisch gestaltet: Die sportlichen Spiele der Sitztanzgruppen wirken sich sehr positiv auf die innere und die äußere Entspannung der Beteiligten aus. Die Konzentration auf spielerische Bewegungsabläufe lassen im Endeffekt viel Heiterkeit aufkommen.

Viele Seniorenresidenzen haben Schwimmbecken und Sauna im Hause. Wie groß ist das Becken? Wie warm? Städtische Heime können Preisermäßigungen für die öffentlichen Bäder anbieten. Oder das Haus bietet Sammeltransporte mit dem Kleinbus an. Auf jeden Fall sollte das Schwimmen im Alter nicht vernachlässigt werden. Denn im Wasser braucht das Stützskelett nicht das ganze Gewicht des zu Körpers tragen, und die Schwimmbewegungen stärken Muskeln, Herz und Kreislauf.

Außerhalb des Hauses werden für Interessierte manchmal Kegelabende, Wanderungen, "Senioren-Ski-Fahren" und Radfahren organisiert. Unter die Rubrik Freizeit/Sport könnte man auch noch die folgenden Aktivitäten rechnen: Tanztreffs, Hobbykurse, Spieltreffs, Computersessions, Wettbewerbe, Reisen (s. voriges Kapitel).

15. Die Mitbewohner

Als Bewerber für einen Wohnheimplatz sollten Sie den Mut haben, auch Angaben über die Zusammensetzung der dortigen Heimbewohnerschaft zu erfragen, z. B.: Wie alt sind die Heimgäste beim Einzug (Durchschnittsalter)? Wie ist der Anteil der Geschlechter? Bevorzugen bestimmte Bevölkerungsgruppen (soziologische Schichten, Bildungsgrad) das Heim? Wie hoch ist das derzeitige Durchschnittsalter der Bewohner? Bei der Auswahl eines Altenwohnheimes sollte die eigene Biographie berücksichtigt werden. Es ist wichtig für alte Menschen, in einem Heim zu wohnen mit dem gleichen oder ähnlichen sozialen Umfeld, in dem sie groß wurden.

Immer mehr Menschen, die eine bewegte Geschichte hinter sich haben, leben heute in Heimen; die Heime werden in Zukunft noch stärker multikulturell werden, allein schon durch die Zuwanderung ausländischer Mitbürger. Deshalb sollten sich zukünftige Heimbewohner damit befassen, wie sie mit solchen Berührungen von anderen Kulturen umgehen können. Manche werden ihre Schwierigkeiten haben, andere sehen das als eine Herausforderung und Bereicherung an. Schön ist es natürlich, wenn Bekannte oder Freunde schon in dem Haus wohnen. Oft wird das auch als Grund angegeben, warum man ein bestimmtes Haus gewählt hat.

Machen Sie sich darauf gefaßt, daß Sie im Altenwohnheim

u. U. stärker als bisher mit menschlichen Leiden und mit dem Sterben konfrontiert werden. Sie werden Mitbewohner haben, die täglich über ihre Krankheiten klagen. Sie werden Mitbewohner haben, die wissen, daß ihr Zustand unheilbar ist. Dieser zu erwartenden seelischen Belastung sollte man sich bewußt sein bei der Entscheidung, in ein Altenwohnheim zu gehen.

16. Gäste

War es in der eigenen Wohnung möglich, ohne weitere Absprachen Gäste zu empfangen, so ist das in größeren Einrichtungen nicht immer so leicht möglich. Die Bewohner können Gäste in ihren eigenen Räumen im Prinzip zu jeder Tages- und Nachtzeit empfangen. Fragen Sie, ob die Bewohner auch im Besitz eines Hausschlüssels sind. Stellen Sie sich darauf ein, daß Sie eine größere Besucherzahl jetzt vielleicht auf beengterem Raum empfangen werden. Es wäre wünschenswert, daß die Gäste Ihre Intimsphäre, Ihre "Reviergrenze", auch in der neuen Umgebung achten. Fragen Sie beim Besichtigen ihrer Heimwohnung, was der Träger des Heimes für Besucher der Bewohner vorgesehen hat! Vielleicht bietet das Heim Clubzimmer zum Zusammentreffen an, hat Gästezimmer oder kann Notbetten zu Verfügung stellen. Auch in Zeiten schwerer Krankheit ist es hilfreich, wenn der Kranke seine Besucher gut bewirtet weiß. Wenn der Bewohner krank ist, sollen sich die Besucher nicht in einer hilflosen Lage befinden. Es kündet von einer menschenwürdigen Grundhaltung des Heimes, wenn das Personal entgegenkommend Speise und Getränke anbietet. Die meisten Besucher werden dann auch nicht zaudern, die geringen Kosten zu tragen.
   Wie steht es mit den Fällen, in denen Leute ins Altenwohnheim ziehen, um den Kontakt zu bestimmten Personen zu

unterbinden? Wenn diese ihn nun penetrant besuchen, dann sollte sich der Mieter in der Altenwohnheimanlage genau über das Hausrecht erkundigen. Eigentlich sollte der Träger Hausverbot aussprechen können zum Wohle seiner Mieter.

Selbst wenn die Verbindung zu der eigenen Familie abgebrochen ist, brauchen Altenwohnheimbewohner nicht auf Besuche zu verzichten. Nur müssen sie für Angebote offen sein wie Besuchsdienste und Kontakttreffen, die mancherorts organisiert werden.

17. Tiere und Pflanzen im Heim

Kleinere Hunde, Vögel u. a. dürfen in nahezu jedes Altenwohnheim mit "übersiedeln". Im Zweifelsfalle erkundigen Sie sich speziell zu Ihrem Tier. Wäre das Heim einverstanden, wenn Sie sich erst zum Umzug neu ein Tier zulegen? Auch Wissenschaftler plädieren heute für die Möglichkeit, daß Tiere im Heim aufgenommen werden. Ein Hund kann den alten Menschen körperlich fit halten, wenn "Herrchen" oder "Frauchen" den Vierbeiner regelmäßig ausführen muß. Das hält den Alternden auch seelisch fit. Dabei wird immer vorausgesetzt, daß die Beziehung zwischen beiden intakt ist. Oft kommt den Menschen der Verlust seiner angestammten Wohnung schon hart an, was ja auch ein Stück Aufgabe seiner Identität ist. Nun soll er noch seinen "Lebenspartner" aufgeben. Für den Besitzer eines solchen Haustieres ist es in jedem Falle leichter, den Übergang in die veränderte Umgebung zu bewältigen.

Altenpflegekräfte wissen aus Erfahrung, daß manchesmal kurz vor dem Tod eines Menschen die Hauptsorge dem geliebten Tier gilt. Sie haben im Tier einen vertrauten "Ansprechpartner" um sich, der das Gefühl der Einsamkeit mindert. Auch Kontakte zu den anderen Heimbewohnern lassen sich über ein Tier schnell herstellen. Ein Tier ergibt immer wieder neuen Gesprächsstoff. Das Tier strukturiert den Tagesablauf. Und wie Prof. Erhard Olbrich (Erlangen) feststellte, fordert der Hund, daß der alte Mensch wieder ein Stück weit Kontrolle und Führung übernimmt.

Vogelgezwitscher erleichtert desorientierten und sehbehinderten Menschen die Orientierung in ihrer Umgebung. Immer mehr Heime gehen dazu über, Tiere nicht nur zu dulden, sondern Tierhaltung zu fördern. Manche Häuser/Stationen haben einen eigenen Hund, eine "Stationskatze" oder eine Voliere. Sind schon Tiere vorhanden, wenn Sie mit Ihrem Hund oder der Katze einziehen, überlegen Sie auch, ob sich die Tiere miteinander vertragen. Und wer überhaupt keine Tiere mag oder z. B. allergisch reagiert, der müßte sich umgekehrt eines tierfreien Wohnraums versichern.

Wie sieht es mit der Hygiene aus? Tiere können Krankheitskeime einschleppen, *Besucher aber auch*. Voraussetzung ist, daß das Tier, das mit im Heim lebt, tierärztlich überwacht wird. Auch sind hierbei die von Tierschützern völlig zu Recht vertretenen Belange der Tiere zu achten. Für die Versorgung des Haustieres ist der Besitzer verantwortlich. Das ist eine Aufgabe, die ihm täglich bestätigt, daß er noch gebraucht wird.

Es stellte sich heraus, daß viele Altenwohnheimbewohner gerne ein Tier hätten, aber sie fürchten, daß sie im Krankheitsfall nicht für die Pflege aufkommen können. Viele alte Menschen haben Angst vor dem Krankenhausaufenthalt, weil sie das Tier nicht versorgt wissen. Hier wünschen sich die Bewohner ein "Heimtier", das von mehreren betreut wird. Auch wäre es möglich, daß von außen Leute Tierpatenschaften übernehmen. Angehörige, so erlebte ich, kümmerten sich freiwillig um den Vogel der Station, um sich selber von der Einsamkeit daheim (!) abzulenken. Ist das Gelände groß genug, dann könnten Tiere im Freigehege gehalten werden. Ein nicht unerheblicher Anteil der Zugänge im Tierasyl kommen daher, daß Menschen nicht mehr in der Lage sind, die Pflege für das Tier zu verrichten. Es ist wünschenswert, daß der/die Besitzer/in eines Tieres Vorabsprachen trifft, wer von den Heimbewohnern im Falle seines Todes das Tier übernimmt.

Pflanzen dürfen ebenfalls mit ins Altenwohnheim gebracht werden. Auch sie sind oft Anlaß zu manchem Gespräch und Erfahrungsaustausch und bringen dem Besitzer viel Freude. Auch hier ist der Besitzer für die Pflege der Pflanzen verantwortlich

18. Privat- und Intimsphäre im Heim

Das Appartement bzw. Zimmer ist die abgeschlossene private Sphäre des jeweiligen Heimbewohners. An der Tür ist sein Name angebracht. In der Regel haben Sie im Seniorenwohnheim einen eigenen Briefkasten, während im Pflegebereich die Post von der Heimverwaltung ausgeteilt wird. Seine Zimmer kann jeder nach seinem Geschmack einrichten und gestalten. Hierher kann er sich jederzeit zurückziehen. Besuch, ob von außerhalb oder aus dem Heim, empfängt er in seinem Zimmer. Die Möbelindustrie bietet mittlerweile Einrichtungsprogramme an, die versuchen, von der bekannten Altenheimatmosphäre (Altenheim = Krankenhaus) wegzukommen. Durch Raumteiler können gemütliche Sitzecken, Liegen oder das Bett abgetrennt werden und sind damit nicht direkt in der Blickrichtung.

Menschen schließen auch im Alter neue Freundschaften und haben Intimbeziehungen. Menschliche Sexualität besteht bis ins hohe Alter, kann aber eingeschränkt sein z. B. durch Organerkrankungen (wie Prostataerkrankungen, Inkontinenz, Dauerkatheter, künstliche Ausgänge, Lähmungen).

Haben Heiminsassen in oder außerhalb des Heimes intime Beziehungen angeknüpft, wird das Personal in jedem Falle diese Lebensbejahung respektieren. Größere Komplikationen gibt es in solchen Fällen oft mit den erwachsenen Kindern, die nicht begreifen, daß ihr altgewordener Vater oder die alte Mutter noch intime Beziehungen haben. Die private Sphäre wird vom Personal nur dann gestört, wenn ein lebenswichtiges Medikament zu einem bestimmten Tageszeitpunkt verabreicht werden muß. Natürlich kennt der Heimbewohner diese Zeitpunkte, und er sollte das Personal nicht unnötig in Verlegenheit bringen.

In Verwirrsituationen kann sich die Sexualität unkontrolliert in den Vordergrund drängen. Es gibt neurologische Erkrankungen, bei denen durch Abbau von Gehirnsubstanz die "Grenzen des guten Geschmacks" nicht mehr eingehalten werden können. Der Geriater spricht davon, daß in solch einer Situation sich ein Urbedürfnis Bahn bricht, das in jedem Menschen angelegt worden ist. Das Nicht-zulassen-Dürfen dieser sehr stark gefühlten Triebe wird von diesen Menschen mit hoher Kraftanstrengung verborgen. Das Fachpersonal, das mit diesen Schwierigkeiten geschult umgehen kann, wird sowohl den Betroffenen wie auch dessen Angehörigen unterstützen. Bewohner und Angehörige können davon ausgehen, daß die Diskretion gewahrt wird, weil das Personal der allgemeinen und insbesondere der ärztlichen Schweigepflicht unterliegt.

Ist der Heimbewohner ernstlich erkrankt, dann wird in den ersten drei Tagen Pflege und Betreuung seitens des Trägers gewährleistet. Dazu ist es notwendig, daß laufend seine Vitalfunktionen kontrolliert werden müssen. Dann ist es dem Bewohner zuzumuten, daß er durch das Pflegepersonal in seiner Wohnung häufiger aufgesucht wird. Bei längerer schwerer Erkrankung (Bescheinigung durch den Arzt) besteht die Auflage, dem Bewohner eine angemessene Pflege und Betreuung innerhalb der Einrichtung anzubieten. Nach Gesundung wird der Bewohner in seine frühere Wohneinheit zurückverlegt.

Normalerweise entscheidet der Altenwohnheimbewohner, wann er badet und was er anzieht. Besteht keine Gefahr für ihn oder andere, hat das Personal kein Recht, ihn in seiner Freiheit einzuschränken.

19. Was es beim Umzug zu bedenken gilt

Ganz allgemein ist zu sagen, daß ein Umzug ins Altenwohnheim eine einschneidende Veränderung im Leben eines jeden Menschen ist. Er sollte diesen Umzug vorausplanen, gestalten und durchführen! Können Nachbarn helfen? Kann der alte Mensch, wenn er ohne Angehörige lebt, einen Nachbarn bitten, sich um die aufgelassene Wohnung zu kümmern oder einfach der Ansprechpartner im alten Wohnumfeld zu sein? Genauso soll er in seinem neuen Wohnumfeld darauf bestehen, daß er eine Ansprechpartnerin oder einen Ansprechpartner vom Träger des Heims genannt bekommt. Denn die Eingewöhnungsphase ist nicht leicht.

Was ist weiterhin zu bedenken? Von entscheidender Bedeutung kann die Jahreszeit sein, in der die Übersiedlung stattfindet. Gerontologen halten den Frühling für die günstigste Jahreszeit zum Eingewöhnen in der für den alternden Menschen neuen Umgebung. Durch die erwachende Natur wird das Bestreben des alternden Menschen, sich noch einmal in seinem Leben in einer für ihn bis dahin fremden Umgebung einzurichten, positiv unterstützt. Nicht auf sein Zimmer angewiesen, kann er sich viel im Freien aufhalten. Auf seinen Spaziergängen wird er schneller mit anderen Heimbewohnern ins Gespräch kommen. Die erwachende Natur kann immer wieder Anlaß zum Austausch über gemeinsame Beobachtungen werden.

Der Sommer ist die nächstgünstigste Jahreszeit für die Eingewöhnung im Altenheim. Auch da bietet sich noch ausreichend Gelegenheit, auf Spaziergängen außerhalb der unmittelbaren Heimatmosphäre mit den Mitbewohnern in Kontakt zu kommen.

Aus Erfahrungen des Altenpflegepersonals ist bekannt, daß Herbst und Winter weitaus ungünstigere Jahreszeiten für den Übergang ins Altenheim sind. Durch schlechtes Wetter, Kälte, frühzeitige Dunkelheit sind die Heimbewohner gezwungen, im Heim zu bleiben. Durch ihre erst kurze Anwesenheit im Heim haben sie noch wenig Kontakte knüpfen können und ziehen sich in ihre Zimmer zurück, wo sie Grübeleien und Depressionen ausgesetzt sind. Wer seine Übersiedlung ins Altenheim plant, sollte also nicht vergessen, an die Jahreszeit zu denken, die ihm den Übergang erleichtert.

Der Entschluß, ins Altenheim zu gehen, kann für den einzelnen das Leben wieder lebenswerter machen. Er hat wieder mehr Zeit und kann sich seinen beliebtesten Freizeitbeschäftigungen widmen, da ihm die Sorge um sein leibliches Wohl in jeder Weise abgenommen wird. Der Umzug ins Altenheim bedeutet aber auch, daß sich der Betroffene von einigen Möbeln und ihn umgebenden Gegenständen trennen muß. Er soll sehr früh damit beginnen, sich darüber Gedanken zu machen, was für ihn wichtig ist, und was er vermissen kann. Für dieses "Loslassen" soll er sich Zeit nehmen, umso sicherer wird er dann seine Entscheidungen treffen.

Welche Möbel und Gegenstände er mit ins Altenheim nimmt, hängt oft damit zusammen, wieviel Erinnerungen für ihn an diesen Dingen hängen. Eine Wohnungseinrichtung zum Beispiel ist meistens eng mit den gemeinsam verbrachten Jahren mit dem Partner verknüpft. In vielen Haushalten, die nun aufgelöst werden müssen, gibt es noch Gegenstände, durch welche immer wieder eine Zeit lebendig wird, in der die Kinder "Kinder" waren. Auch daran werden manche ein Andenken behalten wollen.

Es gibt Kinder, die ihrer Mutter/ihrem Vater noch etwas Gutes tun wollen. Sie kaufen ihnen für die Einrichtung im Altenwohnheim neue Möbel. Viele der Betagten haben anfangs ohnehin Schwierigkeiten, sich einzuleben. Diese Schwierigkeiten werden aber nur größer, wenn der alte Mensch um sich herum gar nichts Eigenes mehr findet. Neue Kaufhausmöbel würden ihm den Rest seiner Identität rauben. Ein vertrautes Möbelstück hingegen kann ihm unter Umständen das Gefühl einer gewissen Geborgenheit geben. Das gleiche gilt für die eigene Bettwäsche. Auch sie sollte auf jeden Fall mitgenommen werden bei einem Umzug ins Altenheim.

20. Resümee:
Für und wider das Altenwohnheim

Als *positiv* wird von den meisten Heimbewohnern erlebt: mehr Sicherheit, Versorgtsein, In-Urlaub-fahren-Können, neue Lebensperspektiven

Als *negativ* wird angeführt: Einschränkung und Umstellung von Lebensgewohnheiten, Belastung durch Konfrontation mit Krankheit und Tod.

Jeder Mensch, der sein Leben bewußt gelebt hat, und sich entschließt, in ein Altenwohnheim zu ziehen, wird es in der Hoffnung tun, daß er auch hier ein erfülltes Leben findet. Wessen Phantasie und reale Sicht ausreicht, wird sich diesbezüglich keinen Illusionen hingeben, dafür aber von vornherein alles bewußt tun, um eine Isolation zu vermeiden. Manche von ihnen werden bald in Konflikte kommen. Die ersehnte und bezahlte Fürsorge wird ihnen nicht ausreichen. Manche müssen begreifen, daß das Pflegepersonal nur beruflicher Partner und kein Lebenspartner sein kann.

Der Schutz in allen Lebenssituationen ist für viele bequem, für manche aber lästig und beengend. Sie empfinden ihn als eine Unterbrechung ihrer natürlichen Lebensgewohnheiten. Der Kaffee kann nicht getrunken werden wann man will, sondern wann er serviert wird. Die Mahlzeiten müssen ebenfalls immer zur gleichen Zeit eingenommen werden, wie die Medikamente, die vom Personal verabreicht werden. Menschen, die immer intensiv gelebt haben, werden ihre Ansprüche reduzieren, aber nicht aufgeben. Sie werden je nach Befindlichkeit ihre Reisen machen, Kino und Theater und andere künstlerische Veranstaltungen besuchen, auch weiterhin die Bildungsangebote in ihrer Umgebung wahrnehmen. Ihre Beziehungen, Freundschaften und Kontakte nach "draußen" werden sie aufrechterhalten und ausbauen, denn nur die "nackte" Betreuung im Heim anzuzielen, wäre für die meisten unbefriedigend, ja sogar gefährlich. Sollte Krankheit die Beweglichkeit beschränken, können die Kontakte dennoch über Telefon und Post aufrecht erhalten werden.

Anlässe, jemanden ins Heim einzuladen, gibt es immer. So können Kinder und Enkel zu den bevorstehenden Festlichkeiten genauso kommen wie vorher in die alte Wohnung. Auch mit Bekannten und Freunden kann man sich im Heim und außerhalb treffen. Nicht die Vielzahl der Bekanntschaften ist es, die echte Beziehungen schafft, sondern ihre Qualität. Es sind Beziehungen, bei denen Menschen zu Menschen finden mit der selben "Antenne", mit ähnlichen Problemen und Bedürfnissen zum Gespräch und der Fähigkeit zum Zuhören. Wer sich all das bewußt macht, bevor er ins Altenwohnheim einzieht, hat seinen "Rucksack" richtig gepackt.

21. Checkliste zum Heimvergleich

Bewerber für eine Wohnung im Altenwohnheim sollten nach Möglichkeit alle Überlegungen schriftlich festhalten, damit nichts vergessen wird. Die Argumente und Fakten liegen daheim klar auf dem Tisch. Die eigenen Beweggründe können immer wieder vor Augen geführt werden. Andere Menschen können dazu Stellung nehmen. Legen Sie sich eine Liste an mit den Anforderungen, die Sie an Ihr künftiges Zuhause stellen und listen Sie diese Dinge untereinander auf. Überlegen Sie, wie wichtig Ihnen die einzelnen Punkte sind und werten Sie die Bedeutung eines Kriteriums, indem Sie den Faktor 1, 2 oder 3 in die Prioritäten-Spalte eintragen:

3 = dieses Kriterium ist mir wichtig
2 = ist mir weniger wichtig
1 = ist mir egal

Nun nehmen Sie für jedes Heim, das in Frage kommt, einen eigenen Bogen und vermerken Sie zu jeder Wunschvorstellung, was Ihnen der Anbieter tatsächlich angeboten hat. Hier

Name der Einrichtung:				
Sitz:				
Träger:				
Kriterien	Priorität 3=wichtig 2=weniger wichtig 1=egal	Kriterium erfüllt? +5 bis -5	Bemerkungen	Auswertung

Preis: Vorab-Kosten: DM   Miete/Monat: DM   NK: DM   Punktzahl:

Name der Einrichtung:	Musterheim			
Sitz:	2300 Kiel			
Träger:	Wohnverein Senior			

Kriterien	Priorität 3=wichtig 2=weniger wichtig 1=egal	Kriterium erfüllt? +5 bis -5	Bemerkungen	Auswertung
Zentrum Kiel od. Lübeck?	3	5	Zentrum Kiel	+15
Erster Eindruck gut?	1	-2		-2
Stufenlose Anlage wg. Rollstuhl?	2	-5		-10
Garage?	3	2	eng! DM 60.- pro Monat	+6
Diät? (Galle)	2	5		+10
Hund erlaubt?	3	3	erst versuchsweise	+9
ärztliche Versorgung	3	-5	nur alle vier Wochen kommt Arzt aus Nachbarschaft	-15

Preis: Vorab-Kosten: DM 10.000,- Miete/Monat: DM 3.100,- NK: DM 100,- Punktzahl: 13

können Punkte einer Bewertungsskala gegeben werden. Zum Beispiel:

Von "– 5" (Forderungen in keiner Weise erfüllt, sagt mir überhaupt nicht zu ...) über – 4, – 3, – 2 etc.
bis "+ 5" (Forderung wird voll erfüllt, entspricht ganz meinen Erwartungen).

Ein Musterformular (S. 66) ist hier abgedruckt, ebenso ein Beispiel für ein ausgefülltes Formular (S. 67). Sie können sich auch Ihr eigenes Formular basteln und andere Bewertungsskalen benutzen. Wichtig ist, daß man sich mit einer solchen Checkliste einen echten Vergleich ermöglicht. Sie haben mit einer solchen Checkliste auch eine Diskussionsgrundlage für das Aufnahmegespräch mit dem Träger. Denn der Träger hat ja auch seine Ziele im Auge und ist vorbereitet. Später werden Vorwürfe an Dritte vermieden; zu schnell schiebt man anderen eine falsche Entscheidung zu. Vor allem aber werden Angebote überschaubarer, wenn man noch die Möglichkeit zur Auswahl hat.

22. Ambulante Dienste, teilstationäre Einrichtungen und Offene Altenhilfe

Ambulante Einrichtungen werden immer stärker ausgebaut, weil man den Aufbau und Ausbau der Alters- und Pflegeheime vermeiden und die kostenintensive Unterbringung der Menschen in Heimen reduzieren möchte. Diesem erklärten Ziel der Politik entspricht das Interesse der meisten alten Menschen, so lange wie möglich in der gewohnten Umgebung zu bleiben. Um dies zu sichern, wurden Dienstleistungsangebote in der Form entwickelt, daß die Helfer und Helferinnen mobil sind und zu den alten Menschen in die Wohnung kommen: auch zur Unterstützung der noch vorhandenen pflegenden Angehörigen.

Sozialstation

Heute gibt es im ganzen Land Sozialstationen. Zum Team einer Sozialstation gehören folgende Kräfte: Krankenschwestern/Krankenpfleger, AltenpflegerInnen, Haus- und FamilienpflegerInnen, AltenpflegehelferInnen, KrankenpflegehelferInnen, Dorfhelferinnen, PraktikantInnen und Auszubildende (Krankenpflege, Altenpflege, Familienpflege), Zivildienstleistende, junge Leute im Freiwilligen Sozialen Jahr, HelferInnen von der Nachbarschaftshilfe, MitarbeiterInnen der freien Wohlfahrtsverbände, Angehörige von sozialen Diensten, ehrenamtliche MitarbeiterInnen.

Personalstand: Früher wurde die Arbeit durch viele ehrenamtliche Kräfte geleistet. Doch wurden mit dem Ansteigen der erforderlichen Pflegeleistungen auch die Anforderungen an die Qualifikation des ambulanten Pflegepersonals immer höher. Da der Beruf des Altenpflegers noch nicht zu lange besteht, herrscht auch hier ein Engpaß. In der ehemaligen Bundesrepublik fehlen ca 22.000 Pflegekräfte in der Ambulanz, wie in Feldstudien hochgerechnet wurde, in denen man versuchsweise die neue Pflegegeldregelung (ab Januar 1991) vorab durchführte.

Leistungen: Grundpflege und Behandlungspflege (Wundversorgung, Medikamentenausgabe, Mobilisation).

Arbeitszeiten: Normalerweise flexiblere Zeiten als in den Heimen. Morgens ab 7 Uhr und abends bis ca. 20 Uhr. Nachtdienst wird in der Regel nicht übernommen.

Mobiler Sozialer Hilfsdienst (MSHD)

Mobile soziale Hilfsdienste bestehen in mehreren hundert Städten und in vielen Landkreisen. Sie ergänzen die Sozialstationen. Aufgabe von mehreren Tausend Zivildienstleistenden soll sein, den alten Menschen zu helfen, ihre Eigenständigkeit zu bewahren. Der größte Träger der MSHD ist die

Arbeiterwohlfahrt (AWO), sie kann in manchen Regionen und Bundesländern flächendeckend arbeiten.

Mitarbeiter: Hauptsächlich Zivildienstleistende, die durch die Schulung des Bundesamtes für den Zivildienst in vier Wochen eine Helferausbildung bekommen, Einsatzleitung (meist SozialarbeiterIn), junge Leute im Freiwilligen Sozialen Jahr, ehrenamtliche MitarbeiterInnen.

Leistungen (Hilfsangebot): Hilfen im Haushalt, Mahlzeiten zubereiten, einkaufen, Geschirr spülen, Reinigungsarbeiten usw. Hilfen zur Erweiterung und zur Erhaltung von Kontakten zur Umwelt. Behördengänge, Arztbesuche, Besuchsdienste, Vorlesedienste, Besorgungen, Hilfen beim Betreiben von Sport. Pflegerische Hilfen: z. B. bei der Körperpflege, beim Aufstehen, Zubettgehen, Ankleiden. Diese Hilfen darf der ZDL nur nach fachlicher Anleitung ausführen! Bewegungsübungen nach Anleitung; Aufsicht z. B. bei verwirrten Personen usw.

Einsatzzeiten: Meist nach Absprache mit den Betroffenen und den Angehörigen. Die Mitarbeiter der MSHD haben die übliche normale Wochenarbeitszeit.

Kosten: 7,- bis 15,- DM pro Stunde. Wenn der Leser bedenkt, daß für die Arbeitsstunde einer qualifizierten Fachkraft in der Altenhilfe zwischen 30,- bis 40,- DM verrechnet werden müßte, um kostendeckend zu arbeiten, dann ist zu ermessen, wie schwer die Hilfsorganisationen der Abbau der Zivildienststellen traf.

Träger: Die MSHD werden von den freien Wohlfahrtsverbänden zusammen mit den Sozialstationen betrieben.

Probleme: Versorgungsengpässe können durch Urlaub und Krankmeldungen der Helfer entstehen. Denn im Gegensatz zum Heim, wo man sich untereinander zwischen den Stationen aushelfen kann, ist das bei einem Ausfall in der Ambulanz schwerer aufzufangen. Da die Helfer laufend geschult werden müssen, fallen sie während der Lehrgänge aus. Tendenz: Man versucht, das Pflegepersonal fachlich zu verbessern und die Personallücken zu schließen. Jedoch ist die Finanzierung bis heute noch nicht ausreichend geregelt.

Individuelle Schwerstbehindertenbetreuung (ISB)

Ziel: Fortführung des Lebens des Behinderten im häuslichen und familiären Bereich. Auch immer mehr alte Menschen, die durch das Versorgungsamt als "schwerstbehindert" anerkannt werden, nehmen eine ISB in Anspruch.

Arbeitszeit und Tätigkeit sind ausgerichtet auf die individuellen Bedürfnisse; in der Regel ein Betreuer für einen Behinderten rund um die Uhr. Es gibt auch die Intensivbetreuung während des Tages und während der Nacht.

Einsatzleitung: Sozialarbeiter oder Psychologen

Träger: Verbände der freien Wohlfahrtspflege, meist an eine MSHD-Zentrale angeschlossen; eine strikte Trennung ist in der Praxis nicht sehr sinnvoll, denn es gibt eine breite Überschneidung was Arbeitsinhalte und Arbeitszeiten angeht. Die Bedürfnisse alter Menschen können sich schnell ändern und dann plötzlich stark ansteigen.

Kosten: Es werden Monatspauschalen vereinbart.

Essen auf Rädern

Durch Zivildienstleistende wird das sog. "Essen auf Rädern" zu den alten Menschen gebracht. Mancherorts gibt es den fahrbaren Mittagstisch. Alte, kranke und behinderte Menschen sind die größte Gruppe, die diese Dienste in Anspruch nehmen. Es werden mehrere Menüs zur Auswahl angeboten. Die Kosten pro Mahlzeit betragen in der Regel ca 8,- DM. Können die Kosten nicht selbst bestritten werden, dann ist beim Sozialhilfeträger ein Antrag auf Unterstützung zu stellen. Träger: die freien Wohlfahrtsverbände.

(In Stuttgart gibt es einen "Essenzubringerdienst" von vier Wohlfahrtsverbänden. Die Menüs sind in Klarsichtbeuteln verpackt, die im Kühlschrank gelagert werden können. Für die Zubereitung werden die Beutel mit den warmzumachenden Anteilen im Wasserbad erhitzt. Die Mahlzeiten werden normalerweise zweimal die Woche geliefert. Sonderregelungen sind möglich. Information: Arbeiterwohlfahrt, Kreisverband Stuttgart für die Vollkost, für Diät, Schonkost, fleischlose Kost vom DRK, Kreisverband Stuttgart.)

Haus-Notrufsystem

Das Haus-Notrufsystem kann eine Versorgungslücke schließen, die dann entsteht, wenn ein behinderter, gebrechlicher oder alter Mensch zeitweise alleine in einer Wohnung lebt. Das Haus-Notrufsystem ist ein nachrichtentechnisches Hilfsmittel. Im Notfall wird durch Druck auf die Notruftaste oder die Funkeinheit das eigene Telefon aktiviert, welches über das Fernsprechnetz sofort eine Verbindung zwischen dem Teilnehmer und einer Zentrale eines Rettungsdienstes mit Tag- und Nachtbereitschaft herstellt. Jetzt entsteht zum Teilnehmer eine Sprechverbindung (drahtlos) zur Haus-Notrufzentrale. Dort sind alle wichtigen Angaben gespeichert. Die Haus-Notrufzentrale kann notwendige Maßnahmen einleiten (Nachbarn informieren, Rettungsdienst verständigen). Des weiteren muß der Teilnehmer regelmäßig eine Aktivitätsmeldung geben, indem er auf eine Tagesmeldungstaste drückt. Bildlich ausgedrückt, er stellt eine Uhr des Haus-Notrufgerätes auf Null (ähnlich wie beim Küchenwecker). Ist die Zeit abgelaufen, klingelt es. Entweder der Teilnehmer meldet sich oder es wird ein Notruf ausgelöst. Es gibt immer mehr ältere Menschen, die sich jetzt solch eine Anlage (ca DM 50,– im Monat) mieten, um Angehörige und ggf. auch Nachbarn ein Stück weit zu entlasten. Damit ist bei den Angehörigen das Gefühl der "Dauerpräsenz" wesentlich reduziert und Familien- und Privatleben können wieder mehr Raum bekommen. So sinnvoll diese technische Einrichtung ist, sollte man doch beachten, daß bei einem großen Benutzerkreis, gerade in der ambulanten Pflege, der Aufwand sehr groß wird. Der Anbieter muß dann rund um die Uhr den

Notruf mit qualifiziertem Fachpersonal (geriatrisch geschulte Pflegekräfte) besetzen, um die Dringlichkeitsstufe der eingehenden Rufe sachlich einordnen zu können und um die Hilfe zu delegieren. Zur Ausführung benötigt man dann auch noch eine ausreichende Zahl von Kräften. Das Gerät kann nur in Kombination mit einem Telefon betrieben werden.

Nachbarschaftshilfe

Unter dem Begriff "Nachbarschaftshilfe" versteht man den organisierten Einsatz ehrenamtlicher HelferInnen für solche Einsätze, für die nicht notwendigerweise eine sozialbetreuerische oder krankenpflegerische Ausbildung erforderlich ist. Hilfsangebot: einfache Besuchsdienste, kleine Hilfen im Haushalt bis zu täglichen Unterstützungen. Täglicher Einsatz bewegt sich zwischen einer bis zwei Stunden. Aufwandsentschädigung: ca 7,- bis 8,- DM pro Stunde. Organisation: durch Verbände, Kirchengemeinden und durch kommunale Stellen.

Private Pflegedienste

Während früher die Hilfeleistungen vor allem von den Trägern der freien Wohlfahrtspflege angeboten wurden (auch bedingt durch das Bundessozialhilfegesetz), sind jetzt weitere Pflege- und Betreuungsdienste von privaten Vereinen oder Einzelpersonen auf dem freien Markt entstanden, die ihre Dienstleistungen anbieten. Sie werben in Fachzeitschriften und in der Tagespresse.

Kosten: Da im Regelfall keine öffentlichen Zuschüsse gewährt werden, müssen die gesamten Kosten durch die Gebühren abgedeckt werden. Klar ist, daß der Preis über den Sach- und Personalkosten der Sozialstationen, MSHD und ISB liegen muß. Es gibt keine bundesweite einheitliche Verbreitung. Die Träger der Dienste können in jeder Region unterschiedlich sein, je nachdem, welche der in der "Liga der

Freien Wohlfahrtsverbände" vertretenen Verbände regional besonders aktiv und finanzstark sind.

Auskunft und Beratung: Man kann sich in der Stadtverwaltung und im Landratsamt über die einzelnen Angebote informieren. Außerdem geben die Sozialhilfeverwaltungen Auskunft, denn nach dem BSHG sind sie verpflichtet, dem Hilfesuchenden "persönliche Hilfe" zu gewähren (§ 8 ((1)) BSHG). Weiter verfügen alle größeren Krankenhäuser über einen *"Krankenhaussozialdienst"*, der die entsprechenen Hilfen vermittelt und berät.

Teilstationäre Einrichtungen

Teilstationäre Einrichtungen sind notwendigerweise entstanden. "Not-wendig", weil die älteren oder alten Menschen sehr oft keine Wohnmöglichkeit hatten, da sie keinen Platz in einem Alten- oder Pflegeheim bekamen. Ihre Not wird zur Chance! Die Wirtschaft und die Industrie spricht von der "Marktlücke". Seit ca. 1978/80 gibt es das Angebot der *Kurzzeitpflege* (KZPF). Das Wort selbst sagt es schon: Die Pflege ist von kurzer Dauer oder Zeit. Das heißt, daß Betagte oder Hochbetagte, die noch zu Hause leben und von den "pflegenden Angehörigen" betreut und gepflegt werden, für einen kurzen Zeitabschnitt in einem Altenheim oder einem Pflegeheim untergebracht werden. Dieses Angebot soll in erster Linie pflegende Angehörige vorübergehend entlasten. Zum Beispiel, um Urlaub, Kur oder Krankenhausaufenthalt der Angehörigen zu ermöglichen. Oder um für Betagte nach Krankenhausaufenthalten die sog. Nachsorge oder Stabilisation zu gewährleisten (wenn noch Verbände gemacht werden müssen oder regelmäßig der Blutdruck kontrolliert werden muß). Aus meiner langjährigen Erfahrung mit Kurzzeitpflege-Bewohnern möchte ich erwähnen, daß Betroffene und pflegende Angehörige danach wieder viel besser miteinander zurechtkamen. Oftmals erzählten mir Kurzzeitpflegegäste, daß sie ein schlechtes Gewissen hätten, weil Tochter oder

Schwiegertochter jahrelang keinen Tag frei waren von der Betreuung und Pflege. Die Söhne oder Schwiegersöhne müßten dann oftmals allein in den Urlaub fahren, was nicht selten zu Partner- und Ehekonflikten führte. Bei rechtzeitiger Planung und Anmeldung bei einer Einrichtung mit Kurzzeitpflege-Plätzen kann auch der Urlaub oder die Ferien der gesamten Familie einen neuen Stellenwert bekommen. Auskünfte über Finanzierung einer Kurzzeitpflege geben die jeweiligen Krankenkassen.

Relativ neu ist die *Tagespflege im städtischen und ländlichen Bereich*. Im Hinblick auf eine Neuorientierung in der Altenarbeit hat Konrad Hummel 1984 die ersten Impulse im Haus am Kappelsberg in Stuttgart-Fellbach gesetzt. Nach einer Hospitation in diesem Heim erarbeitete ich das Projekt "Tagespflege auf dem Lande". Mein Leitgedanke war in erster Linie, daß das Angebot "Tagespflege" eine echte Alternative zur Heimversorgung ist! Das Ziel dieser Maßnahme ist, durch bedarfsgerechte Hilfen das Leben im Wohn- und Pflegeheim wenn möglich zu vermeiden, hinauszuzögern oder abzukürzen. Für diesen Personenkreis ist die Tagespflege gedacht:

- für Tagesgäste, die noch in der Familie oder mit ihrem Partner leben. Die Partner oder Familien des alten Menschen können durch die zeitweise Abwesenheit des Betreuten entlastet werden.
- für Tagesgäste, wie z. B. alleinstehende Personen, die oftmals sehr einsam sind und sehr isoliert leben. Hier wird dem "sozialen Tod" vorgebeugt. Tagesgäste, die einen Partnerverlust zu verarbeiten haben. Diese Lage kommt auch vor, wenn nahestehende Personen durch Tod oder Wegzug verlorengehen. (Auch eine Hausgemeinschaft kann wie eine "Großfamilie" für den einzelnen sein. So muß er lauter "kleine Tode" erleiden, wenn er sieht, wie einer nach dem anderen diese Gemeinschaft verläßt. Hier ist es wichtig, daß in der Altenarbeit bei dieser Trauerarbeit geholfen wird.)
- generell für Tagesgäste, die in Gefahr stehen zu vereinsa-

men oder zu verwahrlosen. Menschen, die kaum in ein soziales Netz eingebunden sind. Sie sind besonders durch Depressionen und Medikamentenmißbrauch gefährdet. Genauso gilt das Angebot auch für zugezogene Ausländer und ältere Menschen aus der ehemaligen DDR, für die es besonders schwer ist, neue Kontake zu bekommen.
- für Tagesgäste, die noch etwas jünger sind, wie z. B. MS-Kranke, auch jüngere Schlaganfallpatienten, die wenig oder keine Anreize zur Gestaltung ihres Tagesablaufes in der Familie bekommen.
- für Tagesgäste nach langen Krankenhausaufenthalten (z. B. ältere oder alte Menschen mit Diabetes oder nach schweren Operationen), die Unterstützung in den Aktivitäten des täglichen Lebens benötigen.
- für Tagesgäste, deren pflegende Angehörige mittelbar entlastet werden sollen. Somit wird es gerade den Töchtern und Schwiegertöchtern rechtzeitig ermöglicht, wieder ins Erwerbsleben einzusteigen, um für die eigene Altersversorgung zu arbeiten.

Es hat sich positiv gezeigt, wenn teilstationäre Einrichtungen, ob Kurzzeitpflege oder Tagespflege, einer Einrichtung der Altenhilfe (Altenwohnheim oder Pflegeheim) angeschlossen sind. Die Scheu vor einem eventuell später notwendigen Heimaufenthalt wird aufgehoben, da in der Regel Heimbewohner und Tagesgäste miteinander ins Gespräch kommen. Und vielleicht stellt sich für manchen Tagesgast heraus, daß im Altenheim zu leben in Wirklichkeit nicht "so" ist, wie "man" es draußen gerne erzählt!

Offene Altenhilfe

Der *Altenclub* und die *Altentagesstätte* sind Orte der Begegnung und der Kommunikation. Sie dienen in erster Linie der Geselligkeit. Die Gruppenmitglieder kommen aus verschiedenen Altersjahrgängen und bringen neben dem reinen Altersunterschied natürlich auch sehr unterschiedliche Lebenserfahrung mit. Psychologisch gesehen konnte sich hier eine spezielle Gruppendynamik entwickeln. Ein wichtiger Aspekt: Wir sprechen heute von der älteren Generation, von den Betagten und Hochbetagten, und wir unterscheiden: die jungen Alten, die alten Alten und die sehr alten Alten. Die Bandbreite ist groß, die Erwartungen der Gruppenmitglieder werden enorm vom Lebenszyklus beeinflußt. Alle sollen sich wohl fühlen und möglichst zufrieden sein, das bedeutet, daß das Angebot oder Programm gut abgestimmt sein muß. Für viele ältere Menschen ist der Club ein ständiger Bezugspunkt. Die Äußerung: "Der Club ist meine Familie!" meint nicht nur die Atmosphäre, sondern auch die Geborgenheit und das Miteinander. Evans (1983) weist auf die "Erlebnisformen" hin und meint die "Wiederbelebung im eigenen Tun". Durch das Langzeitgedächtnis leben ältere Menschen aus der Vergangenheit heraus. So wird all das, was "früher einmal" war, "wiederbelebt" und nimmt einen wichtigen Platz ein. Gleiches trifft auf die *Klubs der Volkssolidarität* zu, von denen es ca 950 in der ehemaligen DDR gab. Die Volkssolidarität bot auch ambulante Pflege an. "Ambulante Pflege geht vor stationärer Pflege!"

23. Lebensplanung – Wie bereite ich mich auf das Älterwerden vor?

"Wer rastet, der rostet!"
Jeder Lebensabschnitt ist mit einer gewissen Vorbereitungszeit verbunden. Vor der Schulzeit kommt der Kindergarten oder die Vorschule. Das Berufsleben wird durch die Berufsausbildung oder das Studium vorbereitet. *Ohne* Vorbereitung dagegen beginnt in der Regel von heute auf morgen die Pensionierung oder die Rentenzeit. Kann man sich wirklich nicht auf das Alter vorbereiten?

Wenn künstlerische oder technische Neigungen bereits in

der Jugend vorhanden waren und diese auch in der Erwerbsphase gepflegt wurden, können sie im Rentenalter mit eingebracht und neu belebt werden. Es ist nicht ausschlaggebend, *welche* Aktivitäten unterstützt, sondern vielmehr, *ob* überhaupt welche unterstützt werden. Menschen, die in jüngeren Jahren nur "Broterwerb" kannten, spüren mit zunehmendem Alter immer größeren Widerstand, die Zeit nur zur "Selbstpflege" zu verplanen.

Es gibt immer mehr Institutionen, die gezielt Seminare über das Älterwerden in Form von Bildungsprogrammen anbieten. Das Themenangebot wird immer umfangreicher. Themen sind z. B.: Einblick über das Älterwerden aus biologischer, psychologischer und sozialer Sicht; prophylaktische Maßnahmen bei Alterserkrankungen; Hautpflege- und Ernährungslehrgänge; Umgang mit Medikamenten; Gehirnjogging.

Seit ca zehn Jahren habe ich aktiv Vorbereitungsseminare gestaltet und durchgeführt. Meine Erfahrung zeigt, daß eine rechtzeitige Auseinandersetzung mit dem eigenen Altwerden die beste Grundlage bietet. Dabei kann auch die Frage nach dem *Selbstbild* nicht ausgeklammert werden, die angstbesetzt und abwehrend dem eigenen Älterwerden, sowie dem eigenen Alter hemmend gegenüberstehen. Vielleicht gibt diese Beschäftigung mit dem eigenen Selbstbild als Alternder den Anstoß zum Nachdenken, und Vorurteile oder zu hohe Erwartungen können korrigiert werden. Auch hier einige Stichpunkte:

– Wie sehe ich ältere Kollegen, Verwandte, Freunde, Partner, Eltern und andere Personen meines sozialen Umfeldes?
– Wie sehe ich mich im Vergleich zu diesen?
– Welche Lebensqualität wünsche ich mir überhaupt für mein Alter?
– Wie kann ich diese Lebensqualität erreichen und erhalten?

Je klarer und deutlicher das Bild von Möglichkeiten, Kenntnissen und Ressourcen des älteren Menschen ist, desto erfolgreicher kann eine Planung für die Zukunft sein. Das "Selbstbild" braucht in erster Linie die persönliche Auseinandersetzung, wie zum Beispiel das eigene Erscheinungsbild. Deswegen meine Auseinandersetzung mit der sozialen Integration beziehungsweise der Isolation. Vor allem die Beschäftigung mit meiner Existenz in der Frage der Endlichkeit oder der begrenzten Zeitlichkeit führen mich weiter auf dem Weg, mein Altwerden aktiv zu gestalten und nicht nur auf Widerstände und Verluste zu reagieren. Sicherlich haben diese Punkte bei jedem Menschen einen bestimmten Stellenwert. Auch Familie und Lebenspartner spielen in der Auseinandersetzung mit dem Altwerden oder Altsein eine wesentliche Rolle. Anfangs stellen sich oft große Probleme mit der Zeiteinteilung ein. Wer macht was? Einkaufen, Zeitung holen usw. waren doch bisher "meine Aufgaben" und ich konnte mir meine Arbeiten auch selbst einteilen. Oftmals lösen harmlose Anlässe enorme Konflikte aus. Nicht immer decken sich die Interessen und Bedürfnisse beider Partner. Mir erscheint es wichtig, rechtzeitig darüber nachzudenken und auch darüber zu sprechen. Es kann dann eine Planungshilfe gemeinsam besprochen werden. Vielleicht wird dem Partner dann erst klar, welche Interessen, Neigungen aber auch Ablehnungen bestimmter Aktivitäten vorhanden sind. Auch praktische Hilfen will ich ansprechen, wie zum Beispiel: Wieviel Zeit im Tagesablauf ist schon verplant, wieviel bleibt für mich übrig? Was verschiebt sich in der Zeitplanung, wenn ich pensioniert bin? Bei welchen Tätigkeiten verlagern sich Prioritäten?

Diese Fragen können in bezug auf Freizeit gestellt werden. Ich habe auch aus Gesprächen immer wieder erfahren, daß, sobald die Regelmäßigkeit der Erwerbsphase plötzlich wegfällt, ein Anpassen an diesen freien Lebensstil oftmals schwer zu verkraften war. Kein Chef und kein Dienstplan regeln mehr den Ablauf des eigenen Tages. Ich muß selbst entscheiden, wann, wie lange und wie oft meine Aktivitäten auf meinem "Pensions-Dienstplan" zu finden sind. Wie ich es mit der Ernährung halten will. Wie ich mich geistig fit halte etc.

Vieles ist planbar. Weniger gut planbar sind Sterben und Tod. Dennoch oder vielleicht gerade deswegen sollten wir uns rechtzeitig damit auseinandersetzen. Gespräche über "was wäre wenn ... einer von uns beiden sterben würde" können schon etwas bewegen. Natürlich ist es heute nach wie vor ein Tabuthema. Man setzt sich erst auseinander, wenn man mit dem Sterben und dem Tod brutal konfrontiert wird.

Im folgenden stelle ich noch einmal systematisch zusammen, welche Punkte wir bei unserer Lebensplanung auf das Alter hin bedenken können. (Die Stichwortliste soll nur Anregungen geben und erhebt keinen Anspruch auf Vollständigkeit.)

I. Auf welche Veränderungen im Alter sollte man sich vorbereiten?

– Veränderungen des äußeren Erscheinungsbildes
– Neuorientierung im sexuellen Bereich
– Anpassung an die verminderte körperliche Leistungsfähigkeit
– Veränderte Bewertung des Menschen im Alter
– Ausgliederung aus der Berufstätigkeit
– Veränderte Einkommens- und Verbrauchssituation
– Machtverlust
– Verändertes Verhältnis zum Ehepartner
– Neuorientierung der außerfamiliären Sozialbeziehungen
– Anpassung des Selbstbildes an die veränderte Persönlichkeit
– Tod von Freunden, des Ehepartners
– Vermehrte Abhängigkeit
– Anpassung an die sich ändernde Umwelt
– Eigener Tod

II. Woran man bei der Planung seines Ruhestandes denken kann:

- Höhe des Gesamteinkommens
- Größe und Pflegeaufwand der Wohnung
- Erreichbarkeit der Wohnung (Parterre, Aufzug, öffentliche Verkehrsmittel)
- Altersgerechte Einrichtung der Wohnung (Halterung im WC und Bad, Rollstuhlgängigkeit, Sitzhöhe der Betten und Sessel, Erreichbarkeit der Schrankfächer)
- Art der Aufgaben, die man zu erfüllen haben wird
- Was kann man/muß man neu kennenlernen? (Handwerkliche Fähigkeiten, Krankenpflege, Sprachen)
- Anpassung der Ernährung an die eventuell geringere Körperleistung
- Interessen, die man pflegen kann
- Was muß man selbst tun, um den alten Bekanntenkreis zu erhalten? (Arbeitskollegen, Geschäftspartner)
- Was kann man tun, um neue Bekannte zu finden?
- Arbeitsteilung zwischen Mann und Frau
- Zeitplanung für den Wochentag
- Planung von Höhepunkten im Monat, im Jahr

III. Wie man neue Bekannte finden kann:

- Ausüben einer Freizeitbeschäftigung, wie Gärtnern, Kaninchen- und Vogelzucht, und Gespräche mit Menschen, die demselben Hobby nachgehen
- Eintritt in einen Verein, in dem man eigene Interessen verwirklichen kann (Singen, Wandern, Helfen)
- Teilnahme an Altersturnen oder Altersschwimmen
- Besuch von möglichst regelmäßigen Vortragsveranstaltungen, mit dem Sitznachbarn ein Gespräch beginnen
- Besuch einer Veranstaltung der Kirchengemeinde
- Besuch einer gemütlichen Zusammenkunft
- Besuch der Cafeteria eines Altenheimes
- Ansprechen von Menschen, die man auf der Straße, in Geschäften, in Verkehrsmitteln häufig sieht.

- Besuch von einsamen Menschen in der Nachbarschaft
- Teilnahme an Tagesausflügen, Seniorenreisen
- Mitarbeit bei sozialen Organisationen
- u. v. a. m.

IV. Worüber man mit seinem Ehepartner sprechen könnte, wenn man an den eigenen Tod denkt:

- Einkommen
- Vermögen
- Steuerfragen
- Erbschaftsregelung
- Positionen des Haushaltsbudgets
- Bestattungswünsche
- Verwendung des persönlichen Besitzes (Kleidung, Bilder, Auto)
- Gewünschte Form des Andenkens
- Wiederverheiratung
- Wohnungswechsel
- Hilfsbereite Freunde und Institutionen
- Gemeinsame Vergangenheit
- Gestaltung der Zeit bis zum Tod eines der Partner
- Vorstellung, was Sterben und Tod bedeutet

V. Wie man lernen kann, alleine zu sein. Man sucht sich selbst ganz bewußt Erlebnisse, die Freude vermitteln, und genießt sie alleine, wie zum Beispiel:

- Eine duftende Tasse Kaffee in der heimeligen Stube
- Ein Schallplattenkonzert unter dem Weihnachtsbaum
- Ein warmer Sommerabend auf dem Balkon
- Eine Wanderung über die Frühlingswiesen oder den bunten Herbstwald
- Ein Gang durch den Zoo, ein Besuch im Museum
- Die Lektüre eines stimmungsvollen oder eines spannenden Buches
- Der Rückblick auf erfüllte Stationen im Leben
- Lebenserinnerungen aufschreiben

– Die Probe, ob man etwas Neues leisten kann, wie ein Bild malen, einen Korb flechten, einen Film selbst entwickeln, ein Wissensgebiet erarbeiten – und so das beglückende Gefühl des Erfolges erleben. Durch eine Fülle solcher Erlebnisse werden die freudigen Gefühle mit dem Alleinsein verbunden. Allmählich nimmt dann das Alleinsein selbst die positiven Qualitäten an.

24. Interviews

24.1. Heimbewohnerin, vorbereitet ins Heim gegangen

Am späten Nachmittag eines Werktages traf ich in einem Café Frau M. Sie ist fast 80 Jahre alt, schlank und sieht sehr lebendig aus. Seit 40 Jahren lebt sie in der Großstadt. Sie war einst in einer Bank beschäftigt, dann Hausfrau und Mutter dreier Kinder. Seit einigen Jahren lebt sie in einem städtischen Seniorenwohnheim, dem kein Pflegebereich angegliedert ist. Sie bewohnt ein Appartement, bestehend aus Wohnraum mit einer kleinen separaten Küche, Entrée mit Garderobe, WC/Dusche.

Frage: Ab wann beschäftigten Sie sich persönlich mit dem Gedanken, in ein Altenwohnheim zu ziehen?
"Das war mehr oder weniger ein Zufall. Ich hatte vorher noch nicht von diesem Wohnheim gehört. Durch eine ehrenamtliche Tätigkeit kam ich in dieses Haus. So lernte ich dieses Haus kennen und dachte darüber nach. Dabei dachte ich noch nicht einmal an mich selber. Und dann überlegte ich immer weiter. Und als ich so 72 Jahre alt war, dachte ich, also irgendwann mußt Du dich ja mal irgendwo anmelden. Denn ich wollte auf keinen Fall von den Kindern abhängig sein, und auch nicht zu den Kindern ziehen, sondern ich wollte selbständig bleiben. Daraufhin habe ich mich mehr orientiert und

war dann bei der Stadt vorstellig geworden, wegen der Anmeldung. Die sagten mir, daß ich mich jederzeit anmelden könnte. Ich machte zur Bedingung, daß ich eine zur Gartenseite liegende Wohnung bekomme und nicht ebenerdig. Aber das hatte ja noch alles viel Zeit. Merkwürdigerweise bekam ich schon nach drei Monaten den Bescheid, daß gerade jetzt die Wohnung frei geworden wäre, die ich mir gewünscht hatte. Das paßte mir damals gar nicht. Ich überlegte mit meiner Tochter, und die sagte dann, wenn ich das wirklich vorhätte, dann überleg dir das mal, denn im Sommer zieht es sich leichter um. Und so kam der endgültige Entschluß viel schneller als ich eigentlich vorgehabt hatte."

Frage: Warum beschäftigten Sie sich mit dem Gedanken, in ein Altenwohnheim zu ziehen?
"Ich finde es einfach vernünftig, daß man sich mit dieser Frage auseinandersetzt, wenn man ein bestimmtes Alter erreicht hat. Was wird, wenn ich nicht mehr so kann, und nicht mehr so selbständig bin? Und wenn ich mich nicht mehr um sehr viel Alltägliches mehr sorgen möchte?"

Frage: Leben Sie alleine, oder haben Sie noch einen Lebenspartner?
"Einen Lebenspartner habe ich offiziell nicht mehr. Ich lebe eigentlich alleine. Es sind Kinder und Enkelkinder da, so daß ich nicht ganz alleine lebe."

Frage: Suchten Sie sich Entscheidungshilfen (Infos, Ausstellungen, Beratungen), als Sie an den Umzug ins Altenheim dachten?
"Nein, das habe ich so mit mir alleine ausgemacht. Natürlich habe ich mit meinen Kindern darüber gesprochen. Aber wenn ich mich zu etwas entschließe, dann weiß ich, was ich tue."

Frage: War Ihnen das Altenwohnheim schon bekannt, in dem Sie jetzt leben?

"Ja doch, denn ich war schon hier gewesen und hatte es mir das zweite Mal so angesehen, und überlegt. Weil ich auch in dem Viertel wohnte, war mir das auch sehr sympathisch."

Frage: Kannten Sie im jetzigen Heim schon Leute?
"Ja, ich hatte schon vorher eine Bekannte hier hereingebracht. Die mußte aus der Wohnung ihrer Schwägerin heraus, und weil ich dieses Wohnheim schon kannte, hatte ich ihr das empfohlen und so war die schon da."

Frage: Leben hier Menschen, die Sie seit ihrer Jugendzeit kennen?
"Nein, niemand."

Frage: Nach welchen Kriterien wählten Sie das Heim aus: Örtliche Präferenz? Pekuniäre Präferenz? Ideelle Präferenz?
"Ich kannte eigentlich nur dieses Haus. Von einem weiteren, das am Schwimmbad ist, hörte ich nur. Das war aber wesentlich kleiner und hatte obendrein eine dunkle Küche. Später hörte ich von einem anderen Heim, das von einer großen Firma gestiftet wurde, das eine schönere Lage hat."

Frage: Wie war Ihr erster Eindruck von dem Heim?
"Ich war eigentlich angenehm überrascht von dem Haus, weil es einen gewissen wohnlichen Charakter hat."

Frage: Entschieden Sie alleine, oder waren Familienangehörige bei der Entscheidung mit beteiligt?
"Nein, es war meine alleinige Entscheidung."

Frage: Die Kontakte zu Verwandten: sind sie häufiger geworden? Oder werden die gegenseitigen Besuche seltener?
"Sie werden insofern etwas seltener, weil man hier auch wieder einen kleinen Bekanntenkreis aufgebaut hat, mit dem man dann mehr zusammen ist."

Frage: Ist das Heimleben so, wie Sie es sich vorgestellt hatten?
"Ich habe es mir so gestaltet, wie ich es mir vorgestellt habe. Es ist einfach abhängig von dem was man daraus macht."

Frage: Welche Gründe führten letztendlich dazu, daß Sie sich für den Umzug ins Altenheim entschieden?
"Also es war wirklich so, daß ich mir dachte, wenn man älter wird, dann ist es notwendig, etwas behüteter zu sein. Dann sollte man nicht immer alleine sein. Sehen Sie, wenn ich morgens den Knopf nicht drücke, dann weiß ich, es schaut jemand nach mir. Und dann hat man mir gesagt, daß für alles Handwerkliche gesorgt würde. Und ich war das so leid, daß ich mich um alles selbst kümmern mußte, wenn das Klo lief, der Wasserhahn tropfte oder der Rolladen klemmte. Also war auch eine gewisse Bequemlichkeit dabei."

Frage: Halfen Ihnen die Heimleitung oder der Träger des Altenwohnheimes bei Ihrer Entscheidung?
"Nachdem eigentlich die Entscheidung bei mir gefallen war, da informierte ich mich noch bei einer Schwester vom Personal."

Frage: Bereuen Sie ihren Entschluß?
"Nein, in keiner Weise. Ich werde sehr oft von Außenstehenden danach gefragt, und ich möchte dazu sagen, daß auf meine Veranlassung hin drei weitere hier eingezogen sind. Also, es hat mir nie leid getan."

Frage: Blieben Wünsche noch offen?
"Ja leider. Noch müssen wir zum Duschen und Baden in große, gemeinsame Bäder. Seit 2 Jahren hören wir, daß wir eigene Duschen eingebaut bekommen sollen. Immerhin, wie wir wissen, dauert alles bei der Stadt etwas länger."

Frage: Wie war ihr Gefühl von dem Zeitpunkt ab, als Sie sich entschieden, ins Altenwohnheim zu ziehen, bis zum Tag des Einzuges?

"Mein Gefühl, es war in der Weise etwas mulmig, weil ich in der Zeit eine Ferienreise geplant hatte, und vor allem weil ich Nachfolger für meine Mietwohnung finden mußte, die auch einigermaßen die Einbauten ablösten. Aber vor lauter Hektik bin ich gar nicht mehr zu Gefühlen gekommen."

Frage: Sie mußten sich von vielen liebgewordenen persönlichen Dingen trennen. Welche für Sie wertvollen/wichtigen Dinge nahmen Sie mit?

"Das war eine ziemlich traurige Geschichte. Aber weil ich mich schon etwas kleiner gesetzt hatte, war es nicht mehr ganz so schlimm. Natürlich paßte auch nicht alles in die neue Wohnung. Aber so was ganz Besonderes wie der Schreibsekretär und eine schöne Kirschbaumvitrine, so was habe ich schon mitgenommen. Und Bilder, an denen ich ganz besonders hänge; im Keller des Heimes sind noch Kisten mit Büchern und Bildern, von denen ich mich nicht trenne, für die ich aber keinen Platz habe."

Frage: Haben Sie Sachen, an denen Sie ganz besonders hängen, vertrauten Personen in Obhut gegeben?

"Also was wertvoll war und was meine Kinder verwenden konnten, das habe ich ihnen gegeben. Aber sonst habe ich mich einfach davon getrennt."

Frage: Hatten Sie Haustiere, die Sie zurücklassen mußten?
"Nein, ich hatte keine."

Frage: Stellten sich Ihnen die Mitarbeiter des Pflege- und Hauswirtschaftdienstes vor?

"Das habe mehr oder weniger ich getan, wenn mir jemand über den Weg lief. Die schauten mich an, dann habe ich gleich gesagt, daß ich neu bin."

Frage: Halfen ihnen Angehörige in den Tagen der Umstellung?

"Beim Einzug hatte ich eine sehr gute Spedition, die wirklich perfekt arbeitete. Dann hat mir hier der Hausmeister im Hause netterweise alles noch besonders aufgehängt. Meine Tochter war mir auch etwas behilflich. Das ging dann einfach ruck, zuck."

Frage: Wie verbrachten Sie ihren ersten Tag hier im Heim?
"Das weiß ich gar nicht mehr so genau. Wahrscheinlich mit dem Ausräumen von den Bücherkisten und Porzellan und so etwas. Anders kann ich es mir nicht vorstellen."

Frage: War es für Sie ein richtiger Umzug oder mehr ein Kofferpacken?
"Nee, es war schon ein ganz richtiger Umzug. Mit Verkleinerung, das ist mehr Arbeit, als wenn man alle seine Sachen mitnehmen kann."

Frage: Sind Sie vorbereitet, falls sie mehr Pflege benötigen und nicht mehr selbst über ihren Tagesablauf bestimmen können?
"Damit habe ich mich schon beschäftigt und da wird uns hier im Hause Gott sei Dank manches abgenommen. Auch die Sorge, daß man weiter kommt und was nötig ist. Abgesehen davon wollte ich mich jetzt schon mal, vorsichtshalber, noch einmal in einem Pflegeheim voranmelden bei der Stadt."

Frage: Welchen Rat geben Sie Menschen, die vor der gleichen Entscheidung stehen: Umzug ins Altenwohnheim?
"Ich werde jetzt oft von Älteren gefragt, ob man das empfehlen kann. Und ich gebe allen den Rat, wenn sie selbst nicht in ein Wohnheim wollen, weil viele sagen, da muß ich ja auch wieder kochen, dann sollen sie sich wenigstens vorsichtshalber in einem Altenheim anmelden."

Frage: Sind Sie Umziehen eigentlich gewohnt? Oder lebten Sie immer in dem Ort, wo sie aufwuchsen?
"Jetzt bin ich froh, daß ich das nicht mehr brauche. Früher bin ich im Rheinland umgezogen, von dort nach Oberbayern,

dann in die Großstadt und da auch noch zweimal umgezogen. Also jetzt reicht es mir!"

Frage: Wie waren Ihre früheren Umzüge? Welche Gefühle hatten Sie?

"Es war bei mir eigentlich alles anders. Bei mir war alles immer sehr geordnet. Ich heiratete, ich war relativ jung, ich bekam eine neu eingerichtete Wohnung und ich liebte meinen Mann sehr. Das war früher noch ein wenig romantischer als das heute vor sich geht. Also bin ich mit Hurra aus dem Elternhaus gegangen. Und später aus meiner Wohnung, na ja, man ist nicht immer so sehr gerne gegangen, aber ich war darin vielleicht realistisch. Was sein muß, muß sein."

Frage: Wäre es Ihnen angenehm, wenn Gäste, die von außerhalb kommen, hier im Haus wohnen könnten?

"Ich bin unbedingt für ein Gästezimmer, und da ich im Beirat bin, habe ich sogar mit beigeholfen, daß wir hier im Hause ein Zweibettzimmer-Appartement für unsere Gäste haben. Gegen eine geringe Vergütung können die dort übernachten. So was ist unbedingt erforderlich."

Frage: Treiben Sie Sport?

"Früher habe ich sehr viel Sport getrieben, jetzt bleibt es bei Gymnastik, Schwimmen und Wandern."

Frage: Besuchen Sie kulturelle Veranstaltungen außerhalb des Hauses?

"Ja, weitgehendst. Gestern war ich noch im Theater. Aber die zunehmende Unsicherheit, die hält einen abends jetzt ein klein wenig zurück."

Frage: Werden Sie von den Kirchengemeinden und deren Pfarrern religiös betreut?

"Einmal im Monat haben wir je einen evangelischen und einen katholischen Gottesdienst. Die katholische Kirche ist hier sehr nah und es werden eigentlich die Veranstaltungen von einem großen Teil meiner Mitbewohner ganz eifrig besucht. Die Evangelischen sind da etwas zurückhaltender, sie sind hier auch in der Minderheit."

Frage: Wie finanzieren Sie Ihren Heimaufenthalt?
"Ich habe Pension und Angestelltenversicherung. Ich bekomme keine Zuschüsse. Ich zahle jetzt ca 500,- DM im Monat, man muß aber sagen, daß bei uns noch Strom, Telefon und Fernsehen und so weiter auf eigene Rechnung gehen. Wir wohnen hier noch überaus preiswert im Verhältnis zu anderen Häusern."

Frage: Was halten Sie von der diskutierten Pflegefallversicherung?
"Ich glaube, daß es sehr gut wäre, wenn man eine Pflegefallversicherung einführen würde. Wenn sie freiwillig wäre, ich würde sie sofort eingehen."

Frau M., ich bedanke mich für das Gespräch!

24.2. Stellungnahme eines "Grauen Panther"-Mitglieds

Frau Doris Gronegger in der Landesgeschäftsstelle vom Senioren-Schutz-Bund (SSB) "Graue Panther" e. V. aus München ist bereit, Fragen zu beantworten, die im Rahmen des Buches auftraten.

"Wie Sie wissen, arbeite ich an einem Buch, das Menschen, die sich mit dem Gedanken tragen, in ein Altenwohnheim zu ziehen, helfen soll, die für sie richtige Entscheidung zu treffen. Vielleicht gelingt es ihnen auch, einen Weg zu finden, in ihrem häuslichen Bereich zu bleiben. Durch Presseberichte ist das Altenwohnheim teilweise in Verruf geraten. Sie engagieren sich in der Organisation des Senioren-Schutz-Bundes "Graue Panther" e. V. dafür, daß sich die Verhältnisse bessern, oder daß der Umzug ins Heim überflüssig sein wird. Mir geht es bei den Fragen vor allem um ihre persönliche Einstellung und Erfahrung."

Frage: Was bewog Sie, sich den Grauen Panthern anzuschließen?

"Vor meiner Tätigkeit bei den Grauen Panthern habe ich mit Altenarbeit überhaupt nichts zu tun gehabt. Durch einen Zeitungsartikel über Mißstände in einem hiesigen Altenpflegeheim bin ich dazu gekommen, mich dieser Organisation anzuschließen."

Frage: Wie erlebten Sie in Ihrer Kindheit Altern? Lebten Sie mit Großeltern unter einem Dach?

"In meiner Kindheit habe ich über Altern überhaupt nicht nachgedacht. Alte Menschen gehörten zum gemeinsamen Leben wie junge Menschen. Meine Großeltern lebten nicht in meinem Elternhaus. Sie waren öfters da, sie waren im täglichen Leben eigentlich präsent. Aber wie gesagt, zusammengelebt haben wir nicht. Ich habe ein gutes Verhältnis zu meinen Großeltern gehabt. Aber eigentlich als etwas Selbstverständliches, ohne darüber nachzudenken."

Frage: In dieser Zeit wurden bei Ihnen bestimmte Vorstellungen geprägt, wie sich ein alter Mensch zu verhalten hat.

"Mit dieser Fragestellung bin ich nicht einverstanden! Da sträubt sich was in mir. Es gibt keine Norm, nach der sich ein alter Mensch zu verhalten hat. Meine Überzeugung ist, daß jeder alte Mensch, ob "Opa" oder "Oma" so leben soll, wie er es selber will, wie er selber entscheidet. Niemand hat das Recht, weder die Kinder noch eine Institution, ihm da reinzureden."

Frage: Haben Sie Kontakte zu Menschen, die im Heim wohnen?

"Ich habe viele Kontakte zu Menschen, die in Heimen wohnen. Schon durch unsere Arbeit, durch die Arbeit der "Grauen Panther", sind wir mit den Verhältnissen dort sehr vertraut. Und dazu möchte ich hinzufügen, daß jedes Heim nur so gut ist wie die dortige Heimleitung."

Frage: Sind Ihnen auch Wohnverhältnisse vertraut von alten Menschen, die noch zu Hause leben?
"Durch unsere Arbeit und unser eigenes Wohnen sind uns die Wohnverhältnisse bestens vertraut. Ich weiß um die Schwierigkeiten, die alte Menschen oder behinderte Menschen in ihren eigenen Wohnungen haben. Und ich weiß auch um die Schwierigkeiten, die in den Heimen auftreten."

Frage: Wenn Sie diese beiden Lebensumstände miteinander vergleichen, wo leben die alten Menschen zufriedener?
"Diese Frage kann ich eindeutig beantworten. Jeden, den ich kenne, jeder, mit dem ich zu tun habe, für den ich mich einsetze, zieht ein Leben in der eigenen Wohnung vor."

Frage: Ganz objektiv betrachtet, wer von beiden ist optimal versorgt?
"Wenn man in der eigenen Wohnung lebt *und* Hilfen hat. Entweder Hilfen durch Fremde, durch Bekannte, bei uns ist es durch Mitglieder, durch ambulante Dienste oder durch irgendwelche Institutionen."

Frage: Sehen Sie in der heutigen Zeit (Pflegenotstand, leere Kassen) die Chance, daß man für die Mehrzahl der Betagten den Heimaufenthalt verhindern kann?
"Ich sehe unbedingt die Chance, daß man verhindern kann, daß alte Menschen ihr Alter nur im Heim verbringen. Wir sehen das ja auch oft an dem besten Beispiel in Dänemark oder in den anderen skandinavischen Ländern, wo das funktioniert. Bei uns müßte ein Umdenken in unserer Gesellschaft erfolgen, dann ließe sich das verwirklichen."

Frage: Mit welchen Typen von alten Menschen haben Sie üblicherweise zu tun, den aktiven oder mehr mit den passiven?

"Die Menschen, die zu uns kommen, oder die in unserer Organisation bei den 'Grauen Panthern' Mitglied sind, vor allem die schon aktiv mitarbeiten, gehören schon alle zu den aktiven Mitmenschen. Aber wir wissen aus unserer Erfahrung, daß es viele passive gibt, die nicht den Mut haben und die Kraft haben, sich gegen Mißstände und Willkür zu wehren."

Frage: Nehmen nach Ihrer Einschätzung die alten Mitbürger ihre verbrieften Rechte wahr?
"Viel zu wenige ältere Mitbürger nehmen ihre Rechte wahr. Viel zu wenige wehren sich gegen das Unrecht."

Frage: Kennen sich die Alten überhaupt in den Rechten aus, die ihnen im Alter zustehen?
"Alte Menschen, die in ihren eigenen Wohnungen leben, kennen sich ganz gut in ihren Rechten aus. Aber sie haben auch nicht die Kraft, diese Rechte auch immer wahrzunehmen. Was Senioren in Alten- oder Wohnanlagen betrifft, nehmen diese ihre Rechte noch viel weniger wahr, weil sie sehr oft im Druck leben und Angst haben."

Frage: Welche Empfehlung würden Sie Menschen geben, die überlegen, in ein Altenwohnheim zu ziehen?
"Wenn ein alter Mensch vor die Tatsache gestellt wird, daß er sein Leben ändern will oder muß, beziehungsweise in ein Altenheim zu gehen, dann würde ich empfehlen, daß er zuerst jede Möglichkeit ausschöpfen soll, ob es eine andere Möglichkeit gibt. Wenn er sich dazu entschlossen hat, ganz gleich aus welchen Gründen, dann muß er sich das Altenwohnheim anschauen, er muß die Verträge vorher sehen, und er müßte sich vor allem von Menschen beraten lassen, die eine Ahnung haben und die vor allen Dingen auf seiner Seite stehen. Ich meine damit nicht die Träger, nicht die Altenheimleitung, sondern wirklich Menschen, die in der Lage sind, einen Älteren in dieser Situation zu beraten."

Frage: Sehen Sie in den nächsten Jahren Alternativen zum Heimaufenthalt?

"Ich sehe auf jeden Fall in den nächsten Jahren Alternativen zum Heimaufenthalt. Ich spreche da ganz besonders unser Modell an, Wohnen in einem Mehrgenerationenhaushalt. Wir streben einen Zusammenschluß von Leuten an, von mindestens acht Personen, junge und alte, die sich gegenseitig helfen. Die zusammen leben, die familienähnlich leben. Und in unseren Augen ist das die einzige Möglichkeit, alt zu werden. So gibt es zum Beispiel in München das Projekt ERGO (Frauen leben im Alter zusammen e. V.)."

Frage: Haben Sie selbst sich schon mit dem Gedanken befaßt, in ein Heim zu gehen?

"Ich habe mich schon mit dem Gedanken befaßt. Und ich bin nach ganz kurzer Zeit, nach all dem, was ich über Altenheime, Altenwohnanlagen und so weiter weiß, dazu gekommen, daß das für mich selber niemals im Leben in Frage kommt. Wir arbeiten daran, in Wohngemeinschaften zu ziehen. Wir haben uns mit der Landeshauptstadt in Verbindung gesetzt, und wir hoffen sehr, daß sich in nächster Zeit etwas ergeben wird."

Frage: Sie sind sehr engagiert. Bringt Ihnen dieses Engagement etwas für Ihr eigenes Alter?

"Ich engagiere mich sehr in dieser Arbeit, und ich glaube sehr, daß sie mir etwas bringt. Zumindest die Kraft, mich gegen Willkür zu wehren, und dabei auch anderen zu helfen."

Frage: Finden Sie es richtig, daß in der Presse oft Skandalberichte kommen, die alte Menschen verunsichern? Besteht hier die Gefahr, daß alle Altenheime über einen Kamm geschert werden?

"Ich finde es schon wichtig, daß in der Presse Berichte über Mißstände in Altenheimen kommen. Es ist nicht so, wie Sie eben erwähnten, daß alle über einen Kamm geschert werden. Das stimmt nicht. Man greift ein bestimmtes Heim auf, einen bestimmten Mißstand an, und man versucht ja, dieses Übel zu belegen. Man versucht ja in Zusammenarbeit mit der Heimleitung, mit der Trägergesellschaft, dieses Übel aus der Welt zu schaffen. Man geht ja nur an die Presse, wenn man keine Möglichkeit hat zur Zusammenarbeit. So machen wir es etwa. Wir versuchen immer erst mit der Heimleitung, mit der Pflegedienstleitung zu sprechen. Erst wenn die ganz uneinsichtig sind, die Wahrheit leugnen und jede Zusammenarbeit ablehnen, erst dann geht man zur Presse. Und ich finde es sehr wichtig, daß die Öffentlichkeit ab und zu davon hört, und daß alte Leute mehr darüber nachdenken, bevor sie sich dazu entscheiden, in ein Heim zu gehen. Noch einmal gesagt, wir wissen, daß überall Pflegenotstände sind. Wir wissen, daß die Pflegekräfte zu 90% wirklich alles tun, um die Menschen gut zu betreuen und zu versorgen. Aber, wenn Mißstände auftreten, dann muß man das an die Presse geben."

Frage: Was würden Sie den alten Politikern mit auf den Weg geben, die selbst schon eigentlich im Rentenalter sind. Damit schon für die heutigen Alternden ein angemessener Lebensabend ermöglicht wird?
"Ich glaube, diese Frage hat eigentlich nichts mit der Wirklichkeit zu tun. Ein alter Politiker, der schon in der Rente ist, der verfügt über eine Rente, die ein normaler Bürger überhaupt nicht hat und nie haben wird. Ich würde eher sagen, er soll mal mit 1.500,- DM einen Monat lang zubringen. Dann würde er wissen, was alten Menschen fehlt."

Frage: In den Gemeinden gibt es sog. Seniorenbeiräte. Welche Funktion haben die?
"Seniorenbeiräte, die ja von alten Menschen gewählt werden, haben die Aufgabe, für die Belange der alten Menschen einzutreten."

Frage: Mir fiel bei der Arbeit zu diesem Buch auf, daß vermutlich viele Heimbewohner, mit denen ich gesprochen habe, Hemmungen hatten, Fragen zu beantworten. Haben diese Leute Angst, daß sie Nachteile haben werden?

"Doch, ich kann das bestätigen, was Sie eben angesprochen haben. Die Leute haben Angst vor Nachteilen und Schikanen. Sie haben sogar, muß ich sagen, körperliche Angst. Wir haben gerade einen Prozeß laufen vor dem Landgericht. In Landshut hat ein Pfleger in einem Heim alte Menschen geschlagen, hat sie mit Essensentzug bestraft und sie in die Ecke gestellt, wenn sie ihre eigene Meinung zum Ausdruck brachten. Und davor haben alte Menschen einfach Angst."

Frage: Kann sich jemand, der Hemmungen hat, vertrauensvoll an die "Grauen Panther" wenden?

"Zu uns kann jeder kommen. Wenn er Hemmungen hat, wenn er Angst hat, seinen Namen zu nennen, und wenn er Angst hat, dafür öffentlich einzustehen, dann wird ihm auf jeden Fall zugesagt und versichert, daß sein Name nur bei uns bleibt und bei uns unter Verschluß bleibt. Und, wenn er nicht dazu stehen will, die Öffentlichkeit meiden kann. Wichtig ist nur, daß er uns gegenüber dafür steht, daß er uns die Wahrheit sagt und damit einverstanden ist, daß wir den Wahrheitsgehalt nachprüfen. Auch dritte Personen können kommen und einen Mißstand melden. Wir nehmen dann auf jeden Fall für uns in Anspruch, daß wir uns dann mit dem alten Menschen in Verbindung setzen, und wir selber überprüfen, ob der gemeldete Vorfall wirklich so ist. Jeder Fall hat zwei Seiten, man muß sich immer vergewissern, was das Wahre daran ist."

Frage: Schildern Sie den Ablauf, wenn z. B. ihre Organisation die Mitteilung bekommt, daß in einem Heim etwas nicht stimmt.

"Wenn wir zum Beispiel einen Anruf bekommen, irgendein Mißstand gemeldet wird, dann versuchen wir auf jeden Fall, daß der Meldende zu uns ins Büro kommt und uns genau erklärt, was vorgefallen ist. Wir gehen in das Heim, sprechen mit der Pflegedienstleitung, sprechen mit der Heimleitung, schauen uns die Zustände an. Und wir stellen fest, ob der gemeldete Vorfall sich wirklich in der Art abgespielt hat, wie er uns mitgeteilt wurde. Mit allen Stellen, die dafür in Frage kommen, versuchen wir zu reden, zu verhandeln und etwas zu ändern. Erst wenn gar keine Möglichkeit besteht, mit der Heimleitung in ein Gespräch zu kommen, dann schalten wir die Presse ein."

Frage: Im Arbeitsleben spielen die Gewerkschaften eine große Rolle – könnte es das nicht analog auch für die Alten geben? Es ist bekannt, wie wichtig eine Mitarbeitervertretung ist; hier stehen sich zwei Verhandlungspartner gegenüber. Träger der Wohlfahrtsverbände haben das leider noch nicht begriffen. Wäre es in Deutschland möglich, so etwas auch für die Alten auf die Beine zu stellen, eine Vertretung, eine Lobby?
"Ich bin auf jeden Fall der Meinung, daß es möglich ist, daß es sogar notwendig ist, so eine Verbindung für alte Menschen zu schaffen. Mir fällt dazu ein, daß die "Grauen Panther" diese Verbindung bereits sind, und ich wünschte wir wären noch viel mehr. Noch viel stärker! Wir haben jetzt 30.000 Mitglieder in Deutschland, ich finde das immer noch zu wenig. Wenn wir 300.000 Mitglieder hätten, dann könnten wir noch viel mehr erreichen."

Frage: In Wissenschaft und Forschung werfen sich die Kapazitäten auf die Fragen des Alters. Es gibt mittlerweile eine Seniorenministerin. Wird das alles nicht zu kopflastig? In diesem Zusammenhang: Reden die Politiker die anstehenden Probleme tot?
"Ich bin auch der Meinung, daß die Probleme gerade in der Altenarbeit totgeredet werden. Es macht sich gut der Öffentlichkeit gegenüber, wenn man viel Theorie hat. Wenn man Ausschüsse macht, und dazu Unterausschüsse und nochmal Unterausschüsse und die öffentliche Meinung sich dadurch etwas beruhigt, aber passieren tut auf diese Art und Weise wenig."

Frage: Ist die Altenhilfe, wie sie auch von den "Grauen Panthern" verstanden wird, auch finanzierbar? Geld ist doch vorhanden, oder die Steuern werden angehoben (vor kurzem war es noch unvorstellbar)?

"Daran, daß die Altenhilfe auf menschlicher Basis finanzierbar ist, daran dürfte niemand zweifeln. Daß wir Geld haben, jede Menge, das haben wir ja jetzt erfahren im Februar '91. Die Milliarden werden einfach so aus dem Ärmel geschüttelt, die angeblich vorher gar nicht da waren. Außerdem haben wir ja die Beispiele in den skandinavischen Ländern (z. B. Dänemark), wo sich herausgestellt hat, daß die Altenhilfe, wie sie dort angeboten wird, um einiges billiger ist als die bei uns durchgeführte. Man sollte sich vielleicht an dem kleinen Land orientieren und versuchen, bei uns anzufangen, es auf diese Art und Weise zu tun."

Frage: Halten Sie das neue Heimgesetz für ausreichend?

"Das neue Heimgesetz ist überhaupt nicht ausreichend. Es hat sich im Vergleich zum alten viel zu wenig geändert. Vor allem sind die Rechte, die ein Heimbewohner hat, überhaupt nicht oder viel zuwenig angesprochen. Es sind alles nur Empfehlungen. Die Heimbewohner können Beiträge bringen, sie können beraten, aber sie haben keine Rechte."

Frage: Wie sehen Sie die Bemühungen, qualifiziertes Personal zu gewinnen?

"Die Bemühungen reichen auf gar keinen Fall aus. Menschen, die so eine schwere Arbeit leisten, gehören anders bezahlt. Sie müssen eine andere Arbeitszeit haben. Es müssen andere Modelle angeboten werden. Dann würde auch Personal gefunden werden. Es geht nicht an, daß einer für das Geld, das ein Altenpfleger heute verdient, zehn Stunden arbeitet und durch diese Arbeit dermaßen überlastet ist, daß er selbst zu Hause noch sich in seinem Geiste weiter damit beschäftigt. Es muß viel mehr getan werden. Und wie schon gesagt, meiner Meinung nach reicht das Geld, wenn man daran denkt, daß jetzt die einzelnen Parlamente über Diätenerhöhungen wieder reden, finde ich es schon beinahe – milde ausgedrückt, jedenfalls nicht richtig, daß man behauptet, daß für die Altenpflege kein Geld vorhanden ist. Wenn man alte Menschen dazu bringt, daß sie sich aufklären lassen, daß sie einer starken Vereinigung beitreten, daß sie Schutz vor Willkür haben. Daß sie von Bevormundung befreit werden, daß sie lernen, sich zu wehren, daß sie lernen, sich politisch zu wehren, sich am politischen Leben zu beteiligen – dann werden wir alle es vielleicht schaffen, daß ein Umdenken in den Gehirnen der Politiker erfolgt."

Ich danke Ihnen recht herzlich für das Gespräch.

24.3. Interview mit einer Altenpflegerin

Sehr geehrte Frau A., Sie stellen sich zur Verfügung, um mir einige Fragen zu beantworten. Dabei kommt Ihnen ihre Erfahrung in der Altenpflege zu Nutzen. Sie arbeiten sowohl im Seniorenwohnstift als auch auf der Pflegestation. Die Einrichtung ist ausgelegt für ca 200 Plätze. Wir wollen besonders die Wohnstation betrachten.

Frage: Wie erlebten Sie in ihrer Kindheit Alter? Lebten Sie mit den Großeltern zusammen?
"Ich verbrachte meine Kindheit auf dem Land. Da gab es große Einzelgehöfte. Jede Familie lebte in der Nachbarschaft auf ihrem Hof. Die Alten wohnten im Austragshäusl (das sind kleine Häuser auf dem Bauernhof, die für die alten Bauern bestimmt sind, wenn sie den Hof übergeben haben). Als Kind erlebte ich die Alten nicht als eine Belastung, es war einfach genug Platz für jeden da. Die Austragsbauern hatten schon noch Einfluß auf das Geschehen auf dem Bauernhof. Was sie für uns so wichtig machte, war, daß sie einfach da waren. Mein Großvater erzählte so schöne Geschichten. Eines Tages starb der Großvater. Ich wußte nicht, was da geschah. Ich hatte als kleines Kind kein Bewußtsein für Sterben und Tod."

Frage: In dieser Zeit wurden bei Ihnen bestimmte Vorstellungen geprägt, wie sich ein alter Mensch zu verhalten hat.

"In meiner Kindheit erlebte ich, daß die Austragsbauern bei den Jungen eine große Achtung genossen. Sie hatten einen großen Einfluß auf die Jungbauern, ja, ich würde sagen, sie waren sehr dominant. Wenn sie dann z. B. altersverwirrt wurden, leicht spinnert, wie man sagte, da galt das als eine natürliche Verschrobenheit. Da auf den Bauernhöfen genug Raum war, fielen sie nicht zur Last. Die Enkel hatten Achtung vor diesen Großeltern."

Frage: Wann entschieden Sie sich, den Beruf der Altenpflegerin zu erlernen?

"Sehr früh wünschte ich mir, einen sozialen Beruf zu lernen. Vom Elternhaus wurde ich gedrängt, einen technischen Beruf zu lernen. Nach dem frühen Tod meines Ehemannes und als mein Kind nicht mehr dauernder Beaufsichtigung bedurfte, ergriff ich die Gelegenheit und lernte Altenpflegerin."

Frage: Bereuen Sie diesen Entschluß?
"Natürlich nicht!"

Frage: Haben sich Ihre Vorstellungen vom Altern verändert?
"Ja durch die tägliche Konfrontation mit Siechtum und großem Elend, gerade auf der Pflegestation. Dadurch hat sich mein kindlich positives Bild zu einem eher negativen Bild gewandelt! Ich sehe ein häßliches Bild des Alterns, sowohl im Altenwohnheim als auch im Pflegeheim! Das Altenwohnheim erlebe ich oft als Ghetto, wo die Leute vom Leben aussortiert werden. Zwar leben sie selbständig, aber die Rahmenbedingungen durch die Institutionen sind bedrückend."

Frage: Welche Empfindungen haben Sie, wenn wieder jemand ins Altenwohnheim einzieht, oder Sie eine Neuaufnahme betreuen (wie es im Fachjargon so schön heißt!)?

"Mitleid. Ob sie sich selbst ihrer Trostlosigkeit bewußt sind?

Beklemmung. Unwillkürlich taxiere und assoziere ich sie und vergleiche mit ehemaligen Bewohnern. Wie lange wird diese Neuaufnahme noch selbständig bleiben? Angst in mir, daß ich durch meine Fürsorglichkeit den Heimbewohner in eine Abhängigkeit dränge. Ob er sich dieser Abhängigkeit bewußt ist, in die er sich begibt?"

Frage: Gibt es da deutliche Unterschiede im Verhalten von Menschen, die vorbereitet, und von denen, die unvorbereitet ins Altenwohnheim müssen?

"Die alten Menschen, die unvorbereitet in ein Altenwohnheim aufgenommen werden, zeigen ein aggressives Verhalten gegen alles und jeden. Oder sie bekommen Depressionen. Manche flüchten sich in eine Hilflosigkeit, nur um Zuwendung zu bekommen. Die Bewohner, die sich auf den Umzug vorbereiten konnten, ertragen die Umstellung gefaßter. Jedoch sind sie nach innen gekehrt und haben Ängste. Sie sind irgendwie abgeklärt, aber auch antriebslos!"

Frage: Welche von den beiden lebt sich leichter ein?
"Der Vorbereitete lebt sich schneller ein! Er wehrt sich nicht gegen die neue Situation. Die, die sich unvorbereitet in der neuen Situation befinden, die fangen an zu kämpfen!"

Frage: Übrigens, wie lange dauert es, bis sich die neuen Bewohner eingelebt haben?
"Das hängt ab von ihren früheren Interessen. Hatten sie Hobbies, dann gelingt es ihnen, sich abzulenken. Die anderen hadern mit ihrem Schicksal. Ein Gefühl der Überflüssigkeit bemächtigt sich ihrer. Sie fragen nach einer Zeitspanne für die Eingewöhnung. So ca. 6 Monate. Das ist von ihrer jeweiligen Biographie abhängig. Leute, die früher viel umzogen, haben es leichter."

Frage: Kommt es anfangs zu gehäuften Todesfällen?
"Ja, bei denen, die sich nicht mit der Situation abfinden können."

Frage: Suchen die neuen Bewohner Kontakt, oder muß man auf sie zugehen?

"Das ist unterschiedlich, 70% fordern Kontakte heraus, die anderen ziehen sich in ihre Wohnung zurück."

Frage: Bemerken Sie, daß Bewohner bemüht sind, ihr gesamtes Wohnumfeld auch außerhalb des Heimes zu erkunden?

"Das ist ganz bemerkenswert, denn das hängt nach meiner Erfahrung sehr vom Bildungsgrad ab. Wer früher neugierig war, wird den Umzug als Chance sehen, neue Erfahrungen zu machen."

Frage: Wie verhalten sich die Angehörigen? Haben sie offensichtliche Schuldgefühle?

"Angehörige haben öfters Schuldgefühle, die sie nicht zugeben. Durch unsere Ausbildung können wir damit umgehen. Sie versuchen, sich gegenüber dem Pflegepersonal zu rechtfertigen: Die alte Wohnung ist zu klein, die Pflege hier ist viel besser! Andere wieder scheuen den Kontakt und bleiben einfach weg. Allgemein bemerke ich, daß der Kontakt zu den nächsten Verwandten oft nicht intensiv ist. Die Heimbewohner wiederum versuchen oft, die Verwandten durch vorgeschobene Krankheiten zu erpressen."

Frage: Bereuen Bewohner den Umzug ins Altenwohnheim? Können Sie da bestimmte Zeitpunkte erkennen?

"Manche ziehen sogar wieder aus, wenn sie keinen Kontakt zu den Mitbewohnern finden, oder von diesen abgelehnt werden!"

Frage: Wie ist die soziale Betreuung vor und nach dem Umzug?

"Die Leute sind sehr mißtrauisch, wenn sich ihnen ein Sozialarbeiter nähert. Entweder meisterten sie bisher ihr Leben alleine und lehnen Hilfe ab. Oder sie machten schlechte Erfahrungen mit Behörden."

Frage: Wie gestalten sich die Bewohner ihre neuen Wohnungen? Konservativ, oder machen sie durch die Einrichtung eine Zäsur in ihrem Leben sichtbar?
"Die meisten Leute richten sich sehr konservativ ein. Die Wohnungen wirken sehr überladen."

Frage: Sprechen die Bewohner Sie an, wenn sie Schwierigkeiten mit der Umstellung haben?
"Eigentlich sehr wenige."

Frage: Ist es üblich, daß der Träger den zukünftigen Bewohnern behilflich ist?
"Das ist nicht allgemein üblich."

Frage: Ist in den Altenwohnheimen die fachärztliche Versorgung gesichert? Sie können ja die Anforderungen mit der Pflege vergleichen!
"Meist hat jeder Bewohner seinen eigenen Hausarzt. Braucht er darüber hinaus fachärztliche Hilfe, dann hängt das von seiner eigenen Initiative und der des Fachpersonals ab. Hier finde ich es wichtig, daß das Pflegepersonal geschult ist, um rechtzeitig eingreifen zu können."

Frage: Nehmen die Bewohner ihre Rechte wahr?
"Ein großer Teil überhaupt nicht. Dagegen sind andere recht penibel, denn es geht oft um ihr Geld. Aufgefallen ist mir, daß manche Heimbewohner das Personal überwachen, ob gegebenenfalls Schwarzarbeiter dabei sind."

Frage: Kennen die Bewohner sich in den diversen rechtlichen Bestimmungen aus?
"Wenig, das hängt wieder mit dem Bildungsgrad zusammen."

Frage: Arbeiten in den Wohnheimen mehr Bewohner aktiv im Heimbeirat mit?

"Der Heimbeirat wird nicht gerade vom Träger gefördert, eher unterdrückt. Auch haben wenige Bewohner daran Interesse."

Frage: Welche Empfehlungen geben Sie Menschen, um sich zu informieren, wenn sie ein Altenwohnheim aussuchen?
"Sie sollen sich städtische Infos besorgen, im Handel gibt es Altenheimführer für die einzelnen Bundesländer. Wenn sie das Heim besichtigen, dann sollten sie auf den Umgangston achten. Welche Aushänge weisen auf Veranstaltungen hin, wie ist der Speiseplan zusammengestellt? Ruhig mal unangemeldet das Heim besuchen!"

Frage: Sind Ihnen Wartezeiten bekannt?
"Bei uns gibt es keine langen Wartezeiten, denn es herrscht Fluktuation. Bewohner ziehen um oder kommen vom Krankenhaus nicht mehr zurück."

Frage: Gibt es Unterschiede in der Qualität der Betreuung in den Heimen verschiedener Träger?
"Da gibt es sehr große Unterschiede, auch von Station zu Station."

Frage: Sehen sie eine Zukunft auch für andere Wohnformen im Alter?
"Keine großen Altenghettos schaffen. Kleine Einheiten aufbauen. Integrierte Pflege anbieten (Sozialstation, Kurzzeitpflege, Alterskrankenhaus). Die Altenwohnanlagen nicht aus der Gemeinde ausgrenzen. Für Fahrdienste sorgen für die kleinen Besorgungen des täglichen Lebens. Veranstaltungen mit der Nachbarschaft organisieren. Darauf achten, daß keine Vernachlässigung entsteht."

Frage: Haben Sie selbst sich schon damit befaßt, was Sie machen, wenn Sie mal vor der Entscheidung stehen?
"Das verdränge ich, gerade durch meine eigenen Erfahrungen. Deshalb fände ich es wichtig, rechtzeitig auf das Alter

hin zu schulen, uns auf unsere nachberuflichen Aufgaben vorzubereiten."

Frau A., ich danke Ihnen recht herzlich für die Auskünfte!

24.4. Interview mit einem Zivildienstleistenden

Herr S., ein junger Mann, ca 25 Jahre alt, ist bereit, mir Auskunft zu geben. Er leistete seinen Wehrersatzdienst in einem kommunalen Altenheim ab. Dieses Altenheim liegt in einer Großstadt in einem alten Stadtviertel. Die Struktur dieses Heimes ist dreigliedrig. Das bedeutet, er konnte Erfahrungen im Wohnbereich, im Altenheim und auf der Pflegestation sammeln.

Frage: Anstatt des Wehrdienstes entschieden Sie sich für den Zivildienst. Wußten Sie damals schon, daß Sie im Altenheim eingesetzt werden würden?
"Ich hatte Erfahrungen im Behindertenheim und wollte dies nicht noch einmal machen. Die Arbeit mit behinderten Kindern und die Arbeit im Krankenhaus hatte ich auch erwogen. Da es schwer war, hier in der Großstadt im Krankenhaus unterzukommen, landete ich im Altenheim. So suchte ich mir ein Altenheim für meinen Zivildienst aus."

Frage: Wenn Sie sich an Ihre Kindheit erinnern, welches Bild hatten Sie von alten Menschen?
"Das Bild vom alten Menschen bei mir war im wesentlichen von meiner Großmutter bestimmt. Sie war bettlägerig und war auch sehr fromm. So habe ich als Kind gedacht, daß alte Frauen fromm sind, daß sie viel beten und sonst eigentlich guten Mutes sind."

Frage: Hat sich dieses Bild mittlerweile geändert?
"Ja, das Bild des alten Menschen hat sich in zweierlei Hinsicht geändert: Zum einen ist für mich das Faktum des Alterns

durch meine eigenen Eltern, die jetzt knapp 70 Jahre alt sind, direkter spürbar. Das Altwerden betrifft mich unmittelbarer, direkter. Also erlebe ich diesen Prozß in meiner eigenen Familie. Ich kann mich besser in die Situation von Angehörigen reinversetzen, wie es für die wohl sein mag, wenn sie wissen, daß jemand, den sie lieb haben, nur noch ein paar Jahre zu leben hat. Das ist schon eine schreckliche Vorstellung für mich. Und dann ist da noch mein Bild von alten Menschen im Altenheim. Ich kann mir viel genauer vorstellen, was es heißt, alt zu sein. Ich habe eine Bekannte, die ist 83 Jahre alt, die hat ein schönes Alter, obwohl sie gesundheitlich nicht mehr ganz so auf der Höhe ist. Geistig ist sie sehr fit. Sie wohnt im Wohnheim, hat es dort gut. Das ist ein schönes Alter, das kann ich mir sehr gut vorstellen. Dann kenne ich viele Alte, die im Altenheim darben. Da hat das Alter viel mit Alleine-Sein zu tun. Dann kenne ich noch einige, die so zwischendrin sind. Und ich kenne den Tod! Durch meine Erfahrung im Altenheim. Diese Erfahrungen will ich auf keinen Fall missen und ich bin sehr froh darum."

Frage: Lebten Sie mit ihren Großeltern zusammen?

"Nein. Die beiden Großväter waren beide schon gestorben, die Großmütter lebten ca 100 km weit weg von mir. Die eine starb, als ich sechs Jahre alt war. Die habe ich nur noch in verschwommenen Bildern in Erinnerung. Die andere Großmutter, die ich schon vorher erwähnt hatte, die haben wir im Schnitt alle drei Monate besucht."

Frage: Bereuen Sie ihren Entschluß, den Zivildienst im Altenheim zu leisten?

"Nein, die Erfahrungen möchte ich nicht missen, die sind mir sehr wichtig. Ich habe für die alten Menschen dazusein, mich mit ihnen zu unterhalten und sie pflegerisch zu betreuen, das hat mir in großen Stücken Spaß gemacht."

Frage: Erinnern Sie sich noch an die Empfindungen, als Sie den ersten Dienst antraten?

"Ich muß erst eine Weile überlegen, bis mir die Erinnerung kommt. Also es war so, daß ich mich einige Wochen vorher dort vorgestellt hatte, und die mir den Dienst schmackhaft gemacht hatten. Da sei eine neue Stationsschwester und viele junge MitarbeiterInnen. Die Schilderung klang sehr gut. Die Räumlichkeiten waren so ein altes Gemäuer. Das fand ich schön. Also ich war da voller Spannung. Natürlich war da viel neu und verwirrend. Mein Grundgefühl war: ich bin gespannt, was da alles auf mich zukommt."

Frage: Waren das tiefgreifende Eindrücke (vor allem auf der Pflegestation)?
"Also das Witzige ist, daß so meine erste Erinnerung, die mir wichtig war, eigentlich dieses Stationszimmer war. Die nette Weise, wie die da um den Tisch saßen und sich unterhalten haben. Ich bin ein Schwabe, und die anderen lauter Urbayern. Ich habe kaum etwas verstanden. Das war das erste Einprägsame! Und wenn ich an die Bewohner denke, dann das Bild eines Herrn M. Der saß im Rollstuhl und hatte Parkinson. Er hatte weiße Haare und fuhr tagaus und tagein die Gänge auf und ab."

Frage: Wie konnten Sie solche Eindrücke verarbeiten?
"Die beschriebenen Eindrücke konnte ich ganz gut verarbeiten. Dann war es in den ersten Wochen so, daß es körperlich so anstrengend war, daß ich keine große Zeit hatte, mich da zu fragen oder da Probleme zu bekommen. Im Laufe der Zeit war da so ein Gefühl, daß sich da etwas anhäuft. Also, daß ich in der Station schon darüber reden kann, über Vorkommnisse und was mich so bewegt. Aber meine innere Bereitschaft, mich auf die Leute, um einen psychologischen Begriff zu gebrauchen, einzulassen, die wurde im Laufe der Monate weniger. Das hat sich dann so weit entwickelt, daß ich davon genug hatte. Das hat sich auch in Wut und Ärger umgesetzt. Auf gut Deutsch gesagt, ich hatte die Nase voll! Aber ich konnte dem nicht entweichen. Da kam oft ein Zorn auf die alten Leute, mit was die mich alles behelligen."

Frage: Die ArbeitskollegInnen – welchen Eindruck hatten Sie in der ersten Tagen?

"Ich hatte vorhin erwähnt, daß das alles Bayerinnen und Bayern waren. Das war für mich etwas befremdlich, denn ich bin kein gebürtiger Bayer. Dann spürte ich, der Abitur und einige Semester an der Universität hinter sich hatte, daß ich in eine andere Bildungsschicht kam. Sie unterhielten sich auf eine andere Art. Aber ich hatte das Gefühl, daß sie Solidarität für mich hatten, zumal auf der Station viele jüngere Pflegekräfte waren. Dann gab es meist ein oder zwei Leute, wechselnd, die ich als problematisch erlebte. Ich will sie mal als "Sonderlinge" bezeichnen. Dann waren da noch Menschen, vielleicht ist es die Überheblichkeit des Abiturienten, mit deren einfachem Bildungsgrad ich noch nie was zu tun hatte."

Frage: Sie sind ein junger Mensch und gestalten Ihren Wohnbereich. Was fällt Ihnen auf, wenn Sie in die Wohnung eines Heimbewohners kommen?

"Je länger die alten Leute eigene Möbel in ihren Zimmern hatten, desto wohler habe ich mich gefühlt. Es gab einige, die hatten kaum eigene, das gab einen leicht sterilen Eindruck. Und es gab alte Menschen, die sehr viele eigene Möbel hatten, das war schöner. Auch wenn da "verlotterte" Möbelstücke dabei waren. Die Devise gilt: Je mehr eigene Möbel, desto besser!"

Frage: Sprachen die Altenwohnheimbewohner Sie an, wenn diese Schwierigkeiten hatten?

"Ganz zu Anfang wurde mir mit Vorsicht begegnet. Vor allen Dingen die Frauen waren vorsichtig, die ja im Altenheim die Majorität stellen. Für die Männer war es selbstverständlicher, mich anzusprechen. Ich selbst hatte da wenig Probleme, weil ich mit alten Leuten gut zurecht komme."

Frage: Konnten Sie die Nöte der alten Menschen verstehen?

"Das war sehr unterschiedlich. Ich sage, daß ich die Gefühlsäußerungen sehr gut verstehen konnte. Problematisch wurde es für mich, als sich einige Äußerungen immer wiederholten. Das Verhalten stumpfte mich im Laufe der Zeit ab. Ansonsten habe ich immer wieder als bedrückend erlebt, von alten Leuten zu hören, was sie bedrückt, wenn sie Krach mit den Angehörigen haben, oder schlimmer wenn diese gar nicht mehr kommen, dann aber hilflos davor zu stehen, die Leute zu verstehen und nichts tun zu können. Oder wenn sie sich im Altenheim nicht wohlgefühlt haben, dann konnte ich das verstehen, weil das doch eine Depersonalisierung ist. Sie wohnen im Pulk aufeinander. Ja, das Ganze erzeugt ja auch einen Widerstand. Das konnte ich auch ganz gut verstehen, und war dann auch einer, der eben diese Institution mit eingerichtet und mit vertreten hat. Das war für mich eine problematische Situation!"

Frage: Gerade in den ersten Tagen, wenn jemand einzog, was fiel Ihnen auf?

"Da erinnere ich mich an eine ganz besondere, an eine Frau S., die gefühlsmäßig schon vorher zur Hysterie neigte, die ganz übermäßig reagierte, und wo ich den Eindruck hatte, daß der Einzug ins Altenheim das Ganze noch eher verstärkte. Und sie wurde noch verwirrter, als sie es vorher schon war. Sie wollte immer wieder nach Hause und wollte nach Hause. Das war furchtbar, furchtbar diese Umgewöhnungsphase."

Frage: Hatten Sie schon Assoziationen, nach denen Sie diesen Menschen einordneten?

"Da ich keinerlei medizinische Ausbildung hatte, habe ich die Menschen weniger in Kategorien (Krankheitsbilder) unterteilt. Vielmehr habe ich für mich unterteilt in den Grad der Verwirrtheit und, ja, mehr in allgemein gültige menschliche Kategorien als in medizinische Einteilungen, die ich ohnehin nicht gelernt hatte!"

Frage: Erlebten Sie, daß sich ein Bewohner ganz anders verhielt, als Sie es von ihm erwartet haben?

"Ich habe vorher versucht zu erkären, daß ich keinen Überblick über Kategorien habe, nach denen ich die alten Leute eingeteilt habe. Was ab und zu mal auftauchte, war, daß Leute emotionale Ausbrüche hatten, die ich bei ihnen nie vermutet hätte. Ich erinnere mich da an einen Herrn, der schizophrene Schübe hatte. Er war ein großer Mann und friedfertig ansonsten, der geriet plötzlich furchtbar in Rage. Das hat mich schon geängstigt!"

Frage: War man Ihnen behilflich bei der Einarbeitung?
"Ja, man war mir behilflich. Und ich fand, auch in hinreichendem Maße. Was ich sehr befürworten würde, wäre, eine Einführung vom Bundesamt, und zwar thematisch genau zur Einsatzstelle passend. Und wenn ja, dann ganz zu Anfang oder eine kurze "Schnupperphase" auf der Station und dann sofort die notwendige Theorie."

Frage: Wurden Sie gleich zu schwierigeren alten Menschen geschickt?
"Zum Glück leitete eine verständnisvolle Altenpflegerin die Pflegestation, auf der ich zeitweise arbeitete. So wurde ich nicht unvorbereitet zu schwierigen Menschen oder zu Menschen geschickt, die fürchterliche körperliche Gebrechen hatten."

Frage: Erlebten Sie, daß sich Heimbewohner gegen das System Altenheim wehren?
"Natürlich haben sie sich gewehrt! Zu Recht, ganz zu Anfang. Gegen die soziale Schweinerei, daß alte Leute kaserniert werden, wie ich heute empfinde! Ganz zu Anfang war das Ziel: aufbegehren gegen die Institution. Aber in relativ kurzer Zeit haben sich viele, sogar die meisten arrangiert. Und nur bei ganz wenigen ist ein offener Widerwille geblieben gegen das Altenheim, andere wurden apathisch."

Frage: Wie lange hielten die Altenheimbewohner das durch?

"Um es genau zu sagen: Es gab nur wenige, die das längere Zeit durchgehalten haben! Und ich kann mich erinnern, vielleicht ein paar Wochen, höchstens. Und wie gesagt, einige gingen notorisch dagegen an."

Frage: Allenthalben spricht man von Burnout – erlebten Sie ähnliches?
"Ein klares und eindeutiges Ja! Und ich finde es auch erschreckend angesichts dessen, daß ich ja nur eineinhalb Jahre dort gearbeitet habe. Ich finde es unumgänglich, daß gleich gerade auf Pflegestationen Supervisionen angeboten werden sollten. Dann kann man solche Sachen aufarbeiten."

Frage: Waren Sie froh, daß Sie nur eine absehbare Zeit hier arbeiten mußten?
"In der unmittelbaren Situation damals ja. Weil es eine Arbeit war, zu der ich gezwungen war, die relativ schlecht vergütet wurde und wo ich nicht raus konnte. Danach hatte ich erst mal die Nase voll. Jetzt helfe ich wieder aushilfsweise im Altenheim mit. Und ich mache es eigentlich ganz gerne."

Frage: Zogen Sie durch den Zivildienst Konsequenzen für Ihre weitere berufliche Laufbahn?
"Keine unmittelbaren. Mittelbare möchte ich mal sagen, das heißt, daß ich ein soziales Fach studiere. Und mittlerweile bin ich so weit, daß ich ernstlich den Gedanken in mir herumtrage, ob ich nicht doch eine qualifizierte Altenpflegeausbildung parallel laufen lassen könnte. Ob das möglich ist, das weiß ich nicht genau. Also so gesehen hat mein Zivildienst im Altenheim ganz praktische Konsequenzen gehabt."

Frage: Schildern Sie, wie jemand den ersten Tag im Heim erlebt, der freiwillig einzog.
"Da fällt mir zuallererst der Einzug von Frau R. in den Wohnbereich ein. Weil sie auf Medikamente angewiesen war, die sie regelmäßig einnehmen mußte, empfahl man ihr, sich einen Platz im Altenheim zu nehmen. Sie enschied sich

für unser Haus. Zuerst kamen ihre Angehörigen alleine, dann brachten sie die alte Dame mit. Gemeinsam schauten wir uns die Räumlichkeiten an. Das Bett wurde vom Haus gestellt. Nach und nach brachten die Kinder die Kleinmöbel. Frau R. war anfangs nur stundenweise da und beaufsichtigte den Umzug. Mit der Zeit verbrachte sie die Stunden beim Sortieren ihres Eigentums, und bekam auch die Mahlzeiten von uns. Eines Samstags verabschiedete sie sich von mir mit der Bemerkung, daß sie sich sehr darauf freut, am Montag endgültig hier einzuziehen! Am Montag glückte der Übergang problemlos. Die Verwandten erschienen dann ganz bewußt seltener, damit sie das Gefühl des eigenen Hausstandes bekommen konnte. Leider war das ein ganz seltenes Vorgehen während meiner Arbeit im Heim."

Frage: Schildern Sie, wie jemand den ersten Tag im Heim erlebte, der unfreiwillig einziehen mußte?

"Ich erinnere mich an eine Frau N., eine recht impulsive alte Dame, die von ihrem Sohn gebracht wurde. Sie kam unfreiwillig ins Heim. Sie war sehr, sehr aufgebracht, hat gegen ihren Sohn geschimpft. Sie brüllte sowas wie "Bababa", wollte nicht in ihr Zimmer und schimpfte gegen die Pflegerinnen. Sie konnte sich kaum beruhigen. Durch diese Situation wurde sie um einiges "unklarer". Sie hat vieles durcheinander gebracht und wußte sich nicht zu helfen."

Frage: Waren da Menschen, die genausogut hätten daheim betreut werden können?

"Durchaus, also ich denke, daß viele alte Leute einfach aufgrund von persönlichen Problemen auf der Privatebene kommen, also diejenigen, die mit ihren Angehörigen zusammen ins Altenheim kommen; die sich mit denen nicht mehr verstehen und dann für die untragbar werden. Aber das ist für mich als Außenstehenden sehr schwirig zu beurteilen."

Frage: Gibt es Dinge, die Sie gerne in der Altenpflege ändern würden?

"Das ist eine sehr umfangreiche Frage. Da muß ich auf vielen Ebenen anfangen. Ich fange auf der Ebene der Pflegekräfte an. Die Pfleger bräuchten mehr Geld, also höhere Grundvergütungen, damit der Beruf attraktiver wird. Dann flexiblere Arbeitszeiten, das hängt mit den alten Leuten zusammen, die morgens teilweise vor sieben Uhr geweckt werden, als wäre das Heim eine Baustelle, wo man bei Tagesanbruch beginnen muß. Auch alles nicht so krankenhausmäßig aufziehen, ein bißchen individueller und irgendwie familiärer. Das wäre mein Wunsch. Vorher erwähnte ich schon die Supervision für das Personal, und für die Heimbewohner wünsche ich mehr individuelle Bestimmungsmöglichkeiten für deren Leben. Was ich auch noch wichtig finde ist, was ich "sozialtherapeutische Betreuung" nennen will. Denn viele alte Bewohner haben so stumpfsinnige Angehörige, die ungeklärte Fragen in der Familie nicht anschneiden wollen oder können. Viele Widerstände und Unruhe, die es auf den Stationen gibt, entstehen einfach durch solche ungeklärten Fragen. Diese Arbeit ist problematisch, aber schon notwendig und möglich. Dann mehr Aufklärung für die Angehörigen, wie sie mit den alten Eltern umgehen könnten."

Frage: Finden Sie es gut, wenn alte Menschen ins Altenwohnheim ziehen?
"Pauschal kann ich das nicht beantworten. Es gibt sicher Situationen, in denen das ganz ungerechtfertigt ist: ein billiges Abschieben. Wobei die Frage zu stellen ist, ob es dann besser ist, wenn diese alten Menschen zu Hause beiben, und dort allein diese Schwierigkeiten aushalten. Bis hin zu den Fällen, in denen alte Leute es einfach zu Hause nicht mehr aushalten, oder deren Angehörige ausgewandert sind (während des Krieges zum Beispiel) oder die Pflege später einfach nicht machen können. Es gibt da alles. Ich finde ein abgestufteres System der Zwischenlösungen besser, z. B. Tagesklinik, ambulante Systeme. Diese könnten den Belangen der alten Menschen gerechter werden."

Frage: Kamen Sie in einen Rollenkonflikt, wenn Sie als junger Mensch auf "Großeltern" trafen?
"Teilweise. Auf Grund des Faktums, daß meine eigenen Eltern wie bereits erwähnt, auch fast siebzig sind. Ja, aber da die Menschen, die ich kennenlernte, meist schon über achtzig sind, also keine zwei Generationen Unterschied, habe ich wenig Übertragungsprobleme wahrgenommen. Die meisten haben mich als erwachsenen Mann akzeptiert, obwohl ich damals dreiundzwanzig war."

Frage: Würden Sie selbst ins Altenwohnheim ziehen?
"Diese Frage habe ich mir auch schon öfters gestellt. Für mich käme es darauf an, in welches Heim ich ziehen könnte. Prinzipiell verneine ich die Frage nicht."

Frage: Inwieweit wird nach Ihrer Erfahrung im Altenwohnheim die Menschenwürde gewahrt?
"Das ist sehr unterschiedlich. Die Privatsphäre wird auf keinen Fall gewahrt. Viele alte Damen haben mit jungen Männern zu tun und schämen sich deshalb, wenn sie Pflege brauchen. Das ist eher eine Verletzung deren moralischer Vorstellungen. Wobei es auch in Altenheimen Zustände gibt, die schlimmer sind. In letzter Zeit las man davon einiges in der Zeitung. Persönlich habe ich so was nicht erlebt."

Frage: Spürten Sie bei den alten Menschen eine gewisse Hilflosigkeit, mit dem eigenen Alter umzugehen?
"Manche wurden verwirrter und wußten ihr Alter nicht mehr. Die gemerkt hatten, daß sie Gebrechen hatten klagten, für mich verständlich, weil sie Schmerzen hatten. Gerade Gedächtnisausfälle waren für die Leute ein großes Problem. Und das Sich-Erinnern an die gute alte Zeit und die Jugend, da hatte ich das Gefühl, daß viele gar nicht so gern in der Gegenwart leben wollten."

Herr S., ich danke Ihnen für Ihre sehr persönlichen Äußerungen über die Zeit, als Sie im Altenheim den Zivildienst leisteten.

Literatur

Altenheim Adressbuch. 8. Aufl. Vincentz, Hannover 1989
Bartholomäus, Lore: Ich möchte an der Hand eines Menschen sterben. 5. Aufl. Matthias Grünewald 1986
Brechmann, Theresia, Wallrafen-Dreisow, Helmut: Ambulante Altenhilfe. 2. Aufl. Vincentz, Hannover 1989
Bundesministerium für Jugend, Familie, Frauen und Gesundheit: Ihre Rechte als Heimbewohner. Broschüre kostenlos erhältlich, Kennedyallee 105-107, 5300 Bonn 2
Bundesministerium für Raumordnung, Bauwesen und Städtewesen: Wohnungen für ältere Menschen. Planung, Ausstattung und Hilfsmittel. 4. Aufl., Bonn 1989
Bundessozialhilfegesetz (BSHG), Textausgabe Beck, München
Dierl, Reinhard/Hoogers, Kinie: Altenwohngemeinschaften. Dokumentation und Diskussionsbeiträge. Hrsg. vom Kuratorium Deutsche Altershilfe. Köln 1988
Döhring, Bärbel (Hrsg.): Zu Hause leben oder im Altenheim. Fischer, Frankfurt/M. 1989
Döll, Hermann K. A.: Philosoph in Haar. Athenäum, Frankfurt/M. 1983
Evans, Jutta: Ein Altenclub und seine bildungsfördernde Wirksamkeit. unveröfftl. Diss. an der Uni Köln, 1983
Grond, Erich: Die Pflege verwirrter alter Menschen. Lambertus, Freiburg 1988
Grond, Erich: Praxis der psychischen Altenpflege, Werkverlag Dr. Edmund Banaschewski, München-Gräfelfing 1988
Gronemeyer, Reiman: Die Entfremdung vom Wolfsrudel. Claasen, Düsseldorf 1989
Heimgesetz und zugehörige Verordnungen. Vincentz, Hannover 1990
Hirsch, Rolf D.: Lernen ist immer möglich. Verhaltenstherapie mit Älteren. Ernst Reinhardt, München 1991.
Hoessel, Elisabeth van: Liebesmüh mit alten Eltern. Kreuz, Stuttgart 1987
Hoogers, Kinie, Dierl, Reinhard: Altenwohngemeinschaften (Forum 9), Kuratorium Deutsche Altershilfe, Köln 1988
Hummel, Konrad: Öffnet die Altersheime. Beltz, Weinheim 1988
Interessengemeinschaft der Bewohner von Altenwohnheimen, Altenheimen und gleichartigen Einrichtungen e. V. (Hrsg.): Umzug ins Altenheim. Broschüre kostenlos erhältlich in der Geschäftsstelle Swisstal-Heimerzheim, s. Adressen (bitte Rückporto beilegen).
Jaeggi, Eva, Hollstein, Walter: Wenn Ehen älter werden. Piper, München/Zürich 1990
Jüchen, Aurel von: Das Tabu des Todes und der Sinn des Sterbens. Radius, Stuttgart 1984
Kemper, Johannes: Alternde und ihre jüngeren Helfer. Vom Wandel therapeutischer Wirklichkeit. Ernst Reinhardt, München 1990
Kemper, Johannes: Was heißt altern. Psychotherapie in der zweiten Lebenshälfte. Pfeiffer, München 1989
Klie, Thomas: Heimaufsicht. Vincentz, Hannover 1988

Knobling, Cornelia: Konfliktsituationen im Altenheim. 3. Aufl. Lambertus, Freiburg 1990
Kübler-Ross, Elisabeth: Interviews mit Sterbenden. 17. Aufl. Kreuz, Stuttgart 1989
Lade, Eckehard: Ratgeber Altenarbeit. Fink-Kümmerli-Frey, Ostfildern 1989
Landeshauptstadt München: Programm Wohnungsanpassung für ältere Menschen. Erfahrungsbericht 1989 der Landeshauptstadt München, Sozialreferat, Orleansplatz 11, 8000 München 80
Ministerium für Arbeit, Gesundheit, Familie und Sozialordnung Baden-Württemberg (Hrsg.): Ideenbörse vorbildliche Altenpflege. Initiativen, Projekte, Erfahrungen. Stuttgart, Rotebühlplatz 30.
Presse- und Informationsamt der Bundesregierung: Gemeinsam statt einsam. Politik mit älteren Menschen. 2. Aufl. 1990. Broschüre kostenlos erhältlich, Welkerstraße 11, 5300 Bonn 1
Sanders, J. Oswald: Das Alter, die besten Jahre. Verl. d. Liebenzeller Mission 1987
Scherer, Kurt: Im Alter geborgen. 2. Aufl. Häussler 1987
Schimansky, Gerd: Mut zum Weitermachen. Herder, Freiburg 1983
Schmidbauer, Wolfgang: Die hilflosen Helfer. Über die seelische Problematik der helfenden Berufe. Rowohlt, Reinbek 1989
Schriftenreihe des Institutes für Freizeitwissenschaft und Kulturarbeit e. V., Bielefeld 1, Postfach 6224.
Schüler, Dagny: Einander begegnen und begleiten. Grünewald 1988
Senupta, Christine: Medikamentenführer für die Bundesrepublik. dtv, München 1988
Sozialgesetzbuch, Gesetzliche Krankenversicherung. Beck-Texte im dtv, München 1989
Stolarz, Holger: Wohnungsanpassung. Maßnahmen zur Erhaltung der Selbständigkeit älterer Menschen. Hrsg. vom Kuratorium Deutsche Altershilfe. Köln 1986.
Strecker, Dieter: Die Altenrepublik. Lucy Körner, Fellbach 1988
Tausch, Anne-Marie: Gespräche gegen die Angst. Rowohlt, Reinbek 1987
Unruh, Trude (Hrsg.): Tatort Pflegeheim. Zivildienstleistende berichten. Klartext, Essen 1989

Adressen

Aktionsgemeinschaft Deutscher Rentner, Limburger Str. 8, 5000 Köln 1

Alten- und Rentnergemeinschaft der Katholischen Arbeitnehmer-Bewegung, Bernd-Letterhaus-Str. 28, 5000 Köln 1

Bund der Ruhestandsbeamten, Witwen und Hinterbliebenen, Aliceplatz 2, 6500 Mainz

Bundesarbeitsgemeinschaft "Hilfe für Behinderte", Kirchfeldstr. 149, 3500 Kassel

Deutscher Berufsverband staatlich anerkannter Altenpflegerinnen und Altenpfleger, Bahnstr. 32, 6072 Dreieichen

Deutsches Zentralinstitut für soziale Fragen, Miquelstr. 83, 1000 Berlin 33

Deutsches Zentrum für Altersfragen e.V., An der Pauluskirche 3, 5000 Köln 1

Forum für gemeinschaftliches Wohnen im Alter (Zusammenschluß von Initiativen und Projekten zum gemeinschaftlichen Wohnen im Alter), Marienplatz 6, 5000 Köln 1

"Hausnotruf Bayern", Johanniter-Unfall-Hilfe, Hauptstr. 50, 8411 Wenzenbach

Interessensgemeinschaft der Bewohner von Altenwohnheimen, Altenheimen und gleichartigen Einrichtungen e. V., Geschäftsstelle, Vorgebirgsstr. 1, 5357 Swisstal-Heimerzheim

Kuratorium Deutsche Altershilfe, Wilhelmine-Lübke-Stiftung e. V., An der Pauluskirche 3, 5000 Köln 1

Kuratorium Wohnen im Alter e. V., Rathausstr. 36, 8025 Unterhaching

Lebensabend-Bewegung e. V., Burgfeldstr. 17, 3500 Kassel-Wilhelmshöhe

Senioren-Schutz-Bund "Graue Panther" e. V., Bundeszentrale, Rathenaustr. 2, 5600 Wuppertal

Reinhardts Gerontologische Reihe

Band 1:

Johannes Kemper
Alternde und ihre jüngeren Helfer
Vom Wandel therapeutischer Wirklichkeit

Unter Mitarbeit von Helga Geiger, Anette Helmrich
und Josef Seyfried
Mit einem Vorwort von Eckart Wiesenhütter

(Reinhardts Gerontologische Reihe; 1)
1990. 264 Seiten. 24 Abb. (3-497-01217-3) Kart.

Der Pflegenotstand, das Burning-out-Syndrom und der rasch wachsende Anteil Alternder stellen uns heute vor neue Fragen, die konkrete und individuelle Antworten verlangen. Die moderne Psychoanalyse und die Verhaltenstherapie liefern Lösungen, die weit über bisherige Helferhaltungen hinausreichen. Zahlreiche Fallbeispiele aus dem ambulanten und stationären Feld demonstrieren Probleme und Möglichkeiten einer neuen Beziehung zum Alternden. Wie sehr sich dabei die klassischen Vorstellungen von den hilfsbedürftigen Alten relativieren, belegt Dr. med. J. Kemper am Beispiel seelischer Erkrankungen von Helfern. Der Leser erhält konkrete Handlungsempfehlungen für den Umgang mit älteren Menschen.

Ernst Reinhardt Verlag München Basel

Reinhardts Gerontologische Reihe

Band 2:

Rolf D. Hirsch
Lernen ist immer möglich
Verhaltenstherapie mit Älteren

(Reinhardts Gerontologische Reihe; 2)
1991. 164 Seiten. 6 Abb. (3-497-01218-1) Kart.

"Was Hänschen nicht lernt, lernt Hans nimmermehr." Dr. phil. Dr. med. Rolf D. Hirsch wendet sich gegen diese überholte Vorstellung (und Entschuldigung), der Mensch sei im Alter zu starr und zu uneinsichtig. Ältere und alte Menschen sind durchaus in der Lage, Neues zu lernen, ihr Verhalten gezielt zu ändern. Einige Schwerpunkte dieses Buches sind: Verhaltensmodifikation bei Dementen und Depressiven sowie bei Älteren mit Schlafstörungen und Inkontinenz. Eine wichtige Rolle spielen Angehörige und Professionelle, insbesondere Institutionen, da sie das Problemverhalten nicht selten erst auslösen bzw. verstärken. Das Buch ermutigt, mit älteren und alten Menschen zu arbeiten, gibt erprobte Konzepte weiter und ist nicht zuletzt auch ein Gewinn für kundige ältere Leser.

Ernst Reinhardt Verlag München Basel

Weitere Literatur

N. Fellmann, Erika Hinlopen-Bonrath
(Schweizerische Rheumaliga)
Bewegungsübungen für Rheumakranke

8. Auflage. 48 Seiten. Zahlreiche Abb. Kart. (3-497-01009-X)

G. Kaganas
(Schweizerische Rheumaliga)
Die häusliche Pflege des Rheumakranken

47 Seiten. Zahlreiche Abb. Kart. (3-497-01010-3)

Fritz Riemann
Grundformen der Angst
Eine tiefenpsychologische Studie

420. Tsd. 213 Seiten. Kart. (3-497-00749-8)

Serge K. D. Sulz (Hrsg.)
Verständnis und Therapie der Depression

404 Seiten. 24 Abb. Geb. (3-497-01081-2)

Wilfried Weber
Wege zum helfenden Gespräch
Gesprächspsychotherapie in der Praxis

9. Auflage. 196 Seiten. Kart. (3-497-00938-5)

Ernst Reinhardt Verlag München Basel